Don de Mr ISIDORE GOLDBLUM

Anno 1908   PARIS

10,000 ANS

DANS UN BLOC DE GLACE

A LA MÊME LIBRAIRIE

OUVRAGES DU MÊME AUTEUR :
AUX ANTIPODES
Un volume in-16, collection des « Auteurs célèbres. »
Prix : 60 centimes.

CHASSEURS CANADIENS
Un volume in-16, collection des « Auteurs célèbres. »
Prix : 60 centimes.

BIBLIOTHÈQUE DE LA JEUNESSE
Collection de beaux vol. gr. in-8° illustrés, reliés, tr. dorées.
Prix de chaque volume : 12 fr.

LES FRANÇAIS AU POLE NORD
Un volume

LE DÉFILÉ D'ENFER
Un volume

AVENTURES EXTRAORDINAIRES D'UN HOMME BLEU
Un volume

LES SECRETS DE M. SYNTHÈSE
Un volume

LES CHASSEURS DE CAOUTCHOUC
Un volume

AVENTURES D'UN GAMIN DE PARIS
AU PAYS DES LIONS
Un volume

AVENTURES D'UN HÉRITIER A TRAVERS LE MONDE
Un volume

AVENTURES PÉRILLEUSES DE TROIS FRANÇAIS
AU PAYS DES DIAMANTS
Un volume

TOUR DU MONDE D'UN GAMIN DE PARIS
Un volume

AVENTURES D'UN GAMIN EN OCÉANIE
Un volume

LES ROBINSONS DE LA GUYANE
Un volume

ÉMILE COLIN. — IMPRIMERIE DE LAGNY

L. BOUSSENARD

10,000 ANS

DANS UN

BLOC DE GLACE

PARIS
ERNEST FLAMMARION, ÉDITEUR
26, RUE RACINE, PRÈS L'ODÉON

Tous droits réservés.

10,000 ANS

DANS

UN BLOC DE GLACE [1]

CHAPITRE PREMIER

Seul au milieu des glaces polaires. — Dernières pensées d'un homme gelé. — Résurrection — Stupeur. — Miracle ou hallucination. — Étrange impressionnabilité. — Singulières évolutions entre ciel et terre. — Où l'on commence à s'entendre en parlant chinois. — Anachronisme vivant. — Plus d'Europe? — Nègres et Chinois. — Quels sont donc ces hommes aux têtes démesurées? — *La lévitation.*

De tous côtés la banquise craque, détone, se désarticule, s'effondre. Les blocs aux

[1] Nos lecteurs n'ont pas oublié l'œuvre si curieuse et si attachante de M. Boussenard *Les Secrets de*

tons bleuâtres, aux arêtes rigides, aux formes fantastiques s'entre-choquent, glissent, rebondissent et se soudent pour se briser de nouveau.

A l'horizon, une vague lueur illumine le ciel d'un bleu sombre, piqué d'étoiles qui scintillent avec un éclat inouï.

Au-dessous de ce firmament implacable, l'enfer de glace, avec sa morne et désespérante solitude.

Au milieu de ce chaos formidable, dont un essai de description ne pourrait qu'amoindrir l'horreur, un homme tout seul agonise sur un bloc de glace.

Vous avez bien lu : Tout seul!

Dernier survivant d'une expédition polaire, l'homme après avoir vu successivement son navire broyé, ses compagnons morts de pri-

---

M. Synthèse. Nous sommes heureux de publier aujourd'hui le dramatique épilogue de ce roman.

vation ou engloutis dans les abîmes, est demeuré vivant, par quel prodige !

Plus d'abri, plus de provisions, plus de secours possible, plus d'espoir.

Incapable de lutter plus longtemps, sentant la mort venir, il se couche impassible sur la glace, se drape dans sa fourrure et attend la fin.

En dépit d'épouvantables souffrances, augmentées encore à la pensée du désastre dont il fut témoin, il analyse intrépidement ses impressions dernières et éprouve comme une âpre volupté à se sentir entrer dans le néant.

A ce moment, la lueur qui, tout à l'heure, dorait imperceptiblement l'horizon et les crêtes glacées, empourpre soudain le ciel et fait pâlir les étoiles. Des faisceaux lumineux, dont ses yeux éblouis peuvent à peine soutenir l'incomparable éclat, s'irradient de toutes parts, flottent doucement à travers les couches diaphanes de l'implacable éther et font flamboyer de feux multicolores, comme autant de gemmes énormes, les glaces de la banquise.

L'homme sourit ironiquement et murmure :

— Cette aurore boréale est la bienvenue, et je vais mourir avec des splendeurs d'apothéose.

Bientôt, ses extrémités se refroidissent. Un engourdissement général assez rapide se manifeste. La sensation de froid augmente encore, s'il est possible, d'intensité. Le corps devient rigide. La pensée subsiste.

Cependant, l'organisme n'est pas, comme on pourrait le croire, insensible.

Il y a même une sorte d'exaspération de souffrance produite par ce froid atroce qui solidifie le mercure et amène l'alcool à la consistance du sirop.

La désorganisation commence, douloureuse jusqu'à la folie.

Supposez un homme plongé dans une cuve pleine d'eau à 70°. Cet apport de chaleur désorganisera rapidement les éléments de son corps dont la température est seulement de 37° 7. Il périra plus ou moins vite, dans d'horribles tortures, parce que ces éléments ne peuvent demeurer en l'état sous une pareille température.

Soumettez-le, d'autre part, à un froid de 70°. Son organisme cédera, à l'agent producteur du froid, une quantité de sa propre chaleur proportionnelle à celle qu'il recevait tout à l'heure du liquide porté à 70° et les résultats seront identiques.

La désorganisation sera la même, qu'elle soit produite par le froid ou par la chaleur.

Prenez à poignée un morceau de mercure solidifié par le froid ou un morceau de fer chaud. La peau sera désorganisée dans le premier cas par une brusque et considérable *soustraction* de chaleur; dans le second cas, par un rapide et considérable *apport* de chaleur.

Dans les deux cas, la sensation de brûlure sera la même.

Le moribond râle d'une voix éteinte les mots de : Brûlure... congélation!...

Son visage, d'un blanc marmoréen, n'a plus d'expression.

Le cœur bat encore, mais de plus en plus faiblement, au milieu de la cavité thoracique dont les parois ne sont plus soulevées par le mouvement rythmique de la respiration.

Les yeux largement ouverts, frangés de cils poudrés de givre, restent fixés aux radieuses lueurs de l'aurore boréale, et la bouche aux lèvres violettes, fendillées, craquelées sous l'atroce morsure de la bise polaire, demeure béante, contractée.

Les canaux artériels et veineux, devenus rigides comme des tubes de pierre, charrient lentement, à travers les muscles pétrifiés aussi, le sang qui se solidifie et va s'immobiliser en une arborescence corallienne dans son fin réseau circulatoire.

Mais les nerfs conservent jusqu'au dernier moment une vague sensibilité qui se transmet à l'organe de la pensée.

L'homme, au moment d'être emmuré pour jamais dans le colossal amoncellement des glaces éternelles, a conscience de lui-même et peut encore se dire :

— C'en est fait !...

» Je cesse de souffrir !...

» Je rentre dans le néant !

» Enfin !... »

Et le corps devenu glaçon, atome perdu au

milieu des stratifications monstrueuses de la banquise, se soude plus étroitement au bloc qui le supporte, s'y incruste pour l'éternité.

Eh! quoi, cette tombe redoutable ne va-t-elle pas demeurer inviolée?

En raison de quel prodige inaccessible aux conceptions humaines, ce corps cimenté en quelque sorte au milieu du chaos qui l'a peu à peu absorbé, est-il agité d'un imperceptible tressaillement?

Des années, des siècles, ou simplement des minutes se sont-elles écoulées depuis l'instant où hypnotisé par l'aurore boréale, le solitaire de la mer de glace s'est senti périr? Plus de doute, l'homme vit.

Un bourdonnement confus frappe ses oreilles; ses yeux, hagards encore, perçoivent de vagues formes qui s'agitent avec une vivacité singulière; une légère chaleur bai-

...gne doucement ses membres roidis, son être tout entier semble se fondre en une béatitude infinie.

Longtemps encore les muscles conservent leur dureté de pierre. Longtemps aussi le cœur se refuse à battre d'une façon appréciable, l'œil à se mouvoir, les traits à reprendre l'expression de la vie.

Bientôt, les images deviennent plus nettes, et en général les perceptions plus intenses.

Le moribond, le ressuscité plutôt, commence à s'agiter et à murmurer quelques paroles, puis une expression d'étonnement, poussé jusqu'à la stupeur, se reflète soudain sur sa figure.

Débarrassé de l'épaisse fourrure qui jadis l'enveloppait hermétiquement de la tête aux pieds et laissait à peine apercevoir son visage, il apparaît sous l'aspect d'un homme arrivé aux extrêmes limites de la vieillesse.

Mais d'une vieillesse robuste, exempte de décrépitude et de caducité.

Son front large, proéminent, à peine ridé, est surmonté d'une épaisse et longue chevelure grise, rude, inculte, qui retombe jusqu'à la nuque. Ses yeux noirs, ombragés par d'épais sourcils en broussaille, ont un regard profond, magnétique. Le nez, recourbé en bec d'aigle, donne au profil une incomparable expression de majesté, encore augmentée par une barbe de burgrave qui couvre les joues, la face, et descend jusqu'au milieu de la poitrine.

A sa voix au timbre encore voilé, rauque, étouffée, répondent des voix étrangement douces, musicales, prononçant, en une langue inconnue, des syllabes qui semblent incompatibles avec le gosier humain.

On dirait plutôt cette énervante mélodie que produiraient des souches de cristal heurtées doucement par un martelet de velours.

Néanmoins, les syllabes sont articulées, mais elles n'ont pour le moribond qu'une signification purement phonétique, et ne semblent se rattacher à aucun des langages usités sur notre planète.

Le vieillard, sous l'influence d'attouchements multiples, réitérés, qui lui donnent l'impression de décharges électriques extrêmement faibles, mais cependant appréciables, s'agite enfin et se met à parler.

Il sent une partie de sa vigueur lui revenir peu à peu, et, chose étrange, il lui semble que ces contacts provenant d'un groupe d'hommes qui l'entourent, lui transmettent, au fur et [à mesure qu'ils se produisent, de nouvelles forces.

Mais, sont-ce bien là des hommes ?

L'inconnu n'est-il pas le jouet d'une illusion, d'un cauchemar; et ne lui est-il pas permis de douter du témoignage de ses sens, après une pareille incursion aux limites du lugubre domaine de la Mort?

Il vient de se soulever sur l'objet qui supporte le poids de son corps, et constate avec un étonnement voisin de la folie que, parmi ces êtres évoluant autour de lui, il en est qui ne touchent pas le sol.

Suspendus, comme par un fil invisible, à une hauteur variant entre quelques centimètres et un mètre, il les voit glisser comme des ombres, avec des mouvements pleins de naturel, d'harmonie même; faire des gestes avec les bras ou les mains; incliner ou tourner la tête; avancer, reculer, monter, descendre avec autant de facilité que s'ils ne quittaient pas la terre.

— Certainement je rêve, s'écrie brusquement le vieillard, comme s'il eût espéré que le bruit de ses paroles allait le rappeler à la réalité.

« Où suis-je?...

« Qui êtes-vous ?...

A ces mots articulés d'une voix rude, les étranges créatures cessent de faire entendre leurs paroles mélodieuses jusqu'à l'énervement.

Comme si leurs oreilles délicates, accoutumées à des sons si doux ne pouvaient supporter une pareille cacophonie, ils s'éloignent instantanément avec leur glissement silencieux d'ombres impalpables. Les uns, plus braves ou moins impressionnables, s'arrêtent le long de la muraille qui circonscrit le monument où se passe la scène, les autres s'éclipsent sans bruit, s'envolent plutôt, par les baies largement ouvertes pratiquées dans cette muraille.

Ne sachant plus que penser d'une impressionnabilité, alliée à une mobilité qui renverse toutes les lois de la statique, le vieillard ajoute :

— Je suis le dernier survivant d'une expédition polaire.

» Mon nom est assez connu dans les sciences pour qu'il se trouve parmi vous quelqu'un ayant entendu parler de moi.

» Du reste, les journaux du monde entier ont raconté les préparatifs de cette malheureuse expédition, et mentionné mon départ.

» Je m'appelle Synthèse, et je suis Suédois.

» Dites-moi où je suis, et qui vous êtes, ô vous qui m'avez sauvé. »

Pas de réponse!

Les assistants se tiennent immobiles entre ciel et terre avec leurs attitudes d'apparitions, ou errent sans bruit dans la salle, tout en circulant de l'intérieur à l'extérieur par les baies qui laissent apercevoir de larges découpures de firmament.

Monsieur Synthèse vient de prononcer ces paroles en anglais, espérant que, cette langue étant de beaucoup la plus répandue, il aura chance de se faire comprendre.

Voyant l'inutilité de ses efforts, il recommence en allemand, sans autre résultat que d'exaspérer, par ces vocables barbares, la sensibilité des spectateurs.

Ils semblent pourtant pleins de bonne volonté, et manifestent jusqu'à la dernière évidence les meilleures intentions.

M. Synthèse réitère sa tirade en français.

Rien !

Puis, en italien, en russe, en espagnol, en hollandais, en grec moderne, en arabe, en hindoustani, en hébreu...

Rien encore !...

— Ou ces gens-là appartiennent à une

autre race, ou je suis sur une autre planète, ou je suis fou à lier !

» Cette dernière hypothèse me paraît, hélas ! la plus probable, à moins que je ne délire depuis un moment, avant de m'éveiller sur la banquise !

» Voyons, j'ai vainement essayé de me faire comprendre dans tous les idiomes possibles...

» Sauf un seul, cependant.

» Si je leur parlais chinois ? »

Et M. Synthèse, qui vient de se révéler polyglotte hors de pair, continue brillamment la série en exposant sa situation en *Khwan-hwa* le plus pur, qui est, comme on sait, le dialecte mandarin parlé dans les provinces centrales du Céleste-Empire, notamment à Pékin, Nankin, etc.

Il a encore, s'il est possible, adouci le timbre de sa voix, de peur d'effaroucher ce sensitives humaines qui peu à peu se rapprochent curieusement.

O prodige, sa tentative obtient un succès inespéré : il est compris !

Non pas cependant d'une façon complète, absolue. Mais enfin, on lui répond dans le même idiome et l'on réussit à échanger quelques pensées.

M. Synthèse qui pensait, et avec juste raison, parler le chinois central, le *Khwan-hwa* aussi purement que le meilleur lettré de tous les lettrés dont s'enorgueillit l'Empire du Milieu, apprend qu'il profère un idiome barbare, démodé, n'existant plus qu'à l'état de tradition...

— Eh ! quoi, dit-il à un petit vieux à lunettes qui, nonobstant son grand âge, tourbillonne agilement autour de lui, ce langage immuable jusqu'alors depuis les temps reculés a pu subir de pareilles altérations ?

— Au point de devenir méconnaissable, susurre le petit vieux.

» Mais tranquillisez-vous, *Mao-Tchin*, vous trouverez parmi nous plusieurs linguistes auxquels sont familiers les idiomes de nos pères.

— Vous dites : *Mao-Tchin*... (1)

» C'est à moi que s'applique cette qualification ?

— Sans doute ; et elle ne saurait avoir rien de blessant pour vous, eu égard à l'opulence réellement exceptionnelle de votre système pileux.

» Vraiment, il n'en est guère parmi nos Aïnos actuels qui puissent rivaliser avec vous.

— Voyons, reprend M. Synthèse encore

---

(1) Littéralement : *Corps velu*. C'est le nom que donnent les Chinois actuels aux *Aïnos*, ces hommes à demi sauvages des îles de l'Asie orientale.

tout engourdi, sur quelle singulière méprise équivoquons-nous donc en ce moment !

» J'ai déjà eu l'honneur de vous dire que je suis d'origine suédoise.

» Par conséquent je n'ai rien de l'Aïno.

» Cette fourrure d'élan qui m'enveloppe n'est pas mon épiderme, que diable !

— Origine suédoise ?... interroge doucement le bonhomme.

» Je ne comprend pas !

— Vous ne comprenez pas ?

— Non !

— Vous ne connaissez pas la Suède ?

— A mon grand regret, étranger !

— Et l'Angleterre ?... la France ?... l'Allemagne ?... la Russie ?...

— Ces mots éveillent à peine en moi un vague souvenir.

» Ce sont, n'est-ce pas, les noms de pays depuis longtemps disparus ?

— ... L'Europe !... bégaye d'une voix étranglée M. Synthèse abasourdi.

— Il n'y a plus d'Europe, répond mélodieusement le bonhomme à lunettes.

— Encore une fois, reprend M. Synthèse qui se croit le jouet d'un cauchemar, où suis-je ?

— Mais... par 10° de latitude nord.

— Et par combien de degrés de longitude ?

— Environ 11° et demi de longitude ouest.

— De quel méridien, s'il vous plaît ?

— Du méridien de Tombouctou, répond le bonhomme étonné d'une pareille question.

— De... Tombouctou !.. s'écrie M. Synthèse.

» Tombouctou a son méridien ?

— Sans doute... Tombouctou, la capitale de la Chine Occidentale.

Quelque extraordinaire que paraisse le miracle de la résurrection d'un homme aussi complètement gelé, il ne semble pas plus invraisemblable que les choses auxquelles se heurte depuis un moment l'entendement de M. Synthèse.

Aussi, sous l'influence de cette double réaction, corporelle et intellectuelle, le vieillard récupère soudain toute son énergie, et fait appel à toutes les ressources de son esprit.

Il est bien évident pour lui qu'il existe. Sans chercher à savoir par quel procédé il a été rappelé à la vie, et remettant à plus tard la solution de cette question pourtant si essentielle, il se laisse glisser sur le sol, se dresse péniblement sur ses jambes en quelque sorte ankylosées, demeure immobile et regarde, de tous ses yeux, les êtres qui l'entourent, le bâtiment où se passe cette scène inénarrable.

A première vue, ces hommes ne se rapportent à aucun type anthropologique bien défini.

Sont-ce des nègres ? Sont-ce des Chinois ?

Ni l'un ni l'autre. Ou si l'on veut plutôt, l'un et l'autre.

Leur épiderme, sans être aussi teinté que celui de la race noire, n'a pas non plus la nuance jaunâtre des représentants de la race mongolique.

Cette nuance, très atténuée, participe à la fois de l'une et de l'autre, et se fond en une couleur havane clair des plus harmonieuses.

Les cheveux, très noirs, très épais, très frisés, ne sont pas crépus comme ceux des nègres et rappellent plutôt ceux des mulâtres.

Les traits semblent aussi revêtir les caractères particuliers aux deux races.

Les yeux sont franchement bridés. Les

pommettes sont saillantes, le nez légèrement
épaté, les lèvres épaisses, charnues, avec des
dents éblouissantes.

Somme toute, de magnifiques métis chino-
africains.

Mais ce qui frappe tout d'abord l'observa-
teur, ce sont les dimensions énormes, exorbi-
tantes, offertes par la tête de tous les indivi-
dus, sans distinction.

Si leur taille atteint en moyenne une hauteur considérable de 1m72 centimètres, le
volume de leur tête est certainement double
de celui de la tête de M. Synthèse.

Cette disproportion, choquante au point
de vue de notre esthétique, est encore accen-
tuée par la gracilité toute féminine des membres, la finesse prodigieuse des attaches, la
délicatesse des extrémités.

M. Synthèse qui les examine avec la curiosité que l'on peut croire, peut à peine sup-

poser que ces petites mains, ces petits pieds émergeant de larges tuniques blanches semblables aux gandouras algériennes, appartiennent au même organisme que ces têtes monstrueuses.

Mais l'évidence est là, avec la brutale éloquence des faits accomplis.

Le vieillard murmure en aparté :

— Il n'y a pas à en douter : ces hommes évoluent librement au-dessus du sol.

» Je ne rêve pas... C'est certain.

» Tous présentent, sans exception, cette particularité si rare de s'enlever eux-mêmes.. ce que l'on appelait de mon temps la *lévitation*.

» Mon vieil ami, le pundit Krishna, possédait ce pouvoir... un certain nombre d'adeptes le possédaient également.

» Mais jamais à un pareil degré.

» Chez eux, la *lévitation* se présentait à

intervalles très éloignés et généralement pendant un temps assez court.

» Tandis que pour ces hommes, elle semble constituer l'état normal... un *modus vivendi* merveilleux, spécial à leur race, leur permettant de vivre d'une vie en quelque sorte aérienne, de se transporter instantanément d'un point à un autre, d'échapper à cette perpétuelle et abrutissante promiscuité avec la boue !

» Y a-t-il quelque corrélation entre cette mystérieuse puissance et le développement monstrueux de leur organe cérébral ?...

» Je veux le savoir. »

Puis, il ajoute, à haute voix, en langue chinoise, sans s'adresser spécialement aux uns plutôt qu'aux autres :

— C'est en 1886 que je me suis endormi au milieu des glaces du pôle. Avant de m'expliquer comment je me trouve aujourd'hui parmi vous, dites-moi en quelle année je m'éveille...

— En l'an onze mille huit cent quatre-vingt-six, répond aussitôt l'organe chantant du bonhomme à lunettes, immobile à deux mètres au-dessus du sol.

CHAPITRE II

Stupeur et ravissement. — M. Synthèse recherche dans la science des analogies à son cas. — Souvenir au pundit Krishna. — Peut-être le mammouth eût-il pu être rappelé à la vie. — Entretien du « Grand-Vieux-Moulin » et de « Né-Avant ». — Modifications de la Terre. — République universelle. — Le Président de l'Académie des sciences de Tombouctou. — Emission des fluides. — La série animale a toujours progressé. — Les cérébraux.

— Onze mille huit cent quatre-vingt-six !... s'écrie d'une voix de tonnerre M. Synthèse à l'énoncé de ce chiffre formidable.

» Nous sommes en l'an onze mille huit cent quatre-vingt-six... et je suis vivant !

» Ai-je donc réellement dormi dix mille ans ?

» Était-il dans ma destinée, après avoir vécu près d'un siècle, de survivre inconsciemment à mon époque, et de m'éveiller ainsi, comme une épave du vieux monde, après un temps dont l'esprit ose à peine envisager la durée ?

» Mais pourquoi ?

» Mais comment et par quel prodige ? »

Et M. Synthèse, atterré, mais radieux cependant, cherche laborieusement la solution de ce problème.

Nul bruit ne vient troubler sa méditation. Autour de lui la solitude est complète. Les éclats de sa voix ont fait fuir, éperdus, les êtres mystérieux dont les soins l'ont rappelé à l'existence. Pendant un certain temps il va pouvoir s'absorber en lui-même, réfléchir à cette aventure inouïe, rappeler ses esprits, coordonner ses pensées.

Et d'abord, le fait de sa résurrection est réel, indiscutable. Il n'est pas le jouet d'une hallucination. Son cœur bat normalement, son cerveau pense méthodiquement, sa raison n'a subi nulle atteinte, ses muscles ont repris toute leur élasticité, toute leur énergie, il vit.

Tel est le fait essentiel dans son étonnante simplicité.

Physiologiquement, c'est-à-dire au point de vue de la science pure, le vieillard sait bien qu'il ne peut être mort, là-bas, sur la banquise. Et ce mot de « résurrection » qui implique retour à l'existence après cessation absolue, est regardé tout d'abord par lui comme impropre à caractériser son état.

Son esprit méthodique et de tous points imbu de doctrines rigoureusement scientifiques, se refuse à l'hypothèse d'un miracle.

Il y a donc eu chez lui prolongation de la vie, grâce à un phénomène de conservation des éléments de son organisme — phénomène dont il ne peut encore s'expliquer les manifestations et qu'il ne peut attribuer uniquement au froid intense qui l'a plongé dans cette interminable catalepsie.

S'il s'agissait simplement de végétaux ou même d'animaux peu élevés dans l'échelle zoologique, le fait, pour être extraordinaire, n'en serait pas moins admissible, car de nombreuses expériences opérées par des hommes dont le témoignage fait autorité, ont depuis longtemps prouvé la persistance de la vie, à l'état latent, chez les végétaux et les organismes inférieurs.

C'est ainsi que, en 1853, Rudolfi a déposé, dans le Musée égyptien de Florence, une gerbe de blé obtenue avec des graines trouvées dans un cercueil de momie remontant à plus de trois mille ans.

Mais ceci n'est rien, et cette propriété doit à peine être mentionnée à titre de simple curiosité, avant de rappeler des cas réellement stupéfiants de réviviscence.

On sait que Spallanzani put, en 1707, rappeler onze fois à la vie des rotifères soumis à la dessiccation, en les humectant simplement d'eau pure, et que, tout récemment, Doyère fit renaître des tardigrades desséchés à la température de 150°, puis tenus quatre semaines dans le vide.

Tout cela ne prouve rien encore, quand on envisage la distance qui sépare ces êtres primitifs de l'homme.

Cependant, en remontant l'échelle zoologique, on trouve encore des faits analogues produits par des causes diverses.

Des mouches, en apparence noyées dans des tonneaux de vin de Madère, sont arrivées en Europe après une longue traversée, et sont revenues à la vie. Réaumur a maintenu dans cet état de mort apparente des chrysalides pendant plusieurs années, et Balbiani, après avoir immergé des hannetons pendant une semaine, et les avoir desséchés au soleil, a pu les ranimer.

Vulpian, l'éminent physiologiste, a empoisonné avec du curare ou de la nicotine des araignées, des salamandres, des grenouilles, et les a ramenées à la vie après une semaine de mort apparente.

Mais les effets les plus extraordinaires sont encore obtenus par l'application du froid.

Spallanzani, qui a étudié cette question si intéressante avec une patience et une ingéniosité admirables, a pu conserver, pendant deux ans, plusieurs grenouilles dans un tas de neige. Elles étaient devenues sèches, rigides, presque friables et n'avaient aucune apparence extérieure de vie, de sensibilité. Il a suffi de les exposer à une chaleur graduelle et modérée, pour faire cesser cet état de éthargie, leur restituer le mouvement et les autres fonctions physiologiques.

Sous les yeux de Maupertuis et de Constant Duméril, tous deux membres de l'Académie des sciences, des brochets et des salamandres ont été ranimés à différentes époques, après avoir été congelés au point d'être devenus aussi durs que des blocs de glace.

Auguste Duméril, fils du précédent, et celui-là même qui fut le rapporteur de la Commission relative au « crapaud de Blois » en 1851, publiait, l'année suivante, dans les *Archives des Sciences naturelles*, un très curieux mémoire dans lequel il raconte comment il a interrompu la vie par la *congélation des liquides* et *des solides de l'organisme*.

Des grenouilles dont la température intérieure avait été abaissée à — 2° dans une atmosphère de — 12° sont revenues devant lui à la vie, Il a vu les tissus reprendre leur souplesse ordinaire et le cœur passer de l'immobilité absolue à son mouvement normal.

Enfin, un fait plus caractéristique encore s'il est possible, en ce sens qu'il s'opère en quelque sorte empiriquement et sans ces précautions exigées par les expériences de laboratoire, nous est fourni par une pratique commune à certaines peuplades de la Russie d'Asie et de l'Amérique du Nord.

Ces peuplades ont l'habitude de faire geler des poissons, de les rendre aussi durs que de la pierre, de les transporter au loin et de les faire revivre après l'hiver en les trempant simplement dans l'eau à la température ordinaire.

C'est même cette coutume qui suggéra au célèbre physiologiste anglais Hunter, l'idée de prolonger indéfiniment la durée de la vie humaine, en soumettant les corps à des congélations successives, équivalant à des sommeils plus ou moins prolongés, pendant lesquels l'existence serait absolument suspendue.

Malheureusement Hunter est mort au moment même où des résultats inespérés promettaient de donner à son audacieuse hypothèse un commencement de réalisation.

Monsieur Synthèse, après avoir envisagé, en quelques minutes, toutes les phases de cette question si complexe et si peu connue, ne trouvait rien de concluant.

— Parbleu ! se disait-il en aparté, je sais bien que la suspension de la vie peut, du moins en apparence, être obtenue pendant longtemps, même sans recourir à l'application du froid.

» Mon vieil ami le pundit Krishna, ne s'est-il pas, à plusieurs reprises, fait enterrer, après avoir provoqué lui-même un état léthargique offrant tous les symptômes de la mort?

» La dernière fois qu'il se prêta à cette curieuse expérience — je m'en souviens comme d'aujourd'hui, c'était à Bénarès — il se fit enfermer dans un sac ; le sac fut cacheté et déposé dans une caisse matelassée et fermée avec des boulons.

» La caisse fut enfouie avec son contenu à dix pieds de profondeur. La fosse fut comblée, et la terre ensemencée avec de l'orge qui germa, grandit, mûrit. Des sentinelles anglaises furent chargées de garder jour et nuit cette sépulture originale.

» Au bout de dix mois, le pundit, exhumé en présence des autorités britanniques et d'une délégation de savants, apparut comme endormi.

» Il s'éveilla peu à peu, et après deux

heures de soins se releva et se mit à marcher.

» Pourquoi l'expérience n'a-t-elle pas été prolongée pendant plusieurs années ?

» Plusieurs années... soit !

» Mais dix mille !...

» Cependant, le principe est admis, et il ne semble pas plus difficile de demeurer dans cet état pendant un an, que pendant dix... c nt... mille !...

» Mais j'y pense : et le mammouth !

» Qui pourra jamais supputer l'immense succession d'années écoulées entre le moment où le pachyderme géant fut pris dans les glaces polaires, et celui où un pêcheur toungouse le trouva, en 1799, sur les rives de la mer Glaciale, au milieu d'un bloc énorme échoué près de l'embouchure de la Léna ?

» A coup sûr, des milliers.

» Et pourtant, la conservation du mammouth était à ce point parfaite, que pendant une saison entière les Yakoutes du voisinage purent se repaître de sa chair et nourrir leurs chiens, sans préjudice de la part considérable que prélevèrent les loups et les ours blancs.

» Qui prouve que le mammouth n'était pas susceptible de revivre, comme les batraciens congelés de Spallanzani, comme les poissons des peuplades hyperboréennes de l'Asie et de l'Amérique ?

» Qui sait si, au lieu d'être dévoré sur place avant même d'être dégagé de sa gangue de glace, il eût été réchauffé progressivement, ce contemporain des siècles disparus ne fût pas sorti de cet interminable sommeil !

» Car enfin, je suis bien vivant, moi !

» Quant à chercher à m'expliquer comment

s'est produit, ce phénomène peut-être sans précédent, à quoi bon !

» Le fait existe, patent, indéniable.

» Le régime spécial auquel j'ai astreint mon corps pendant un demi-siècle, les éléments de reconstitution fournis à l'état de pureté à mon organisme, ont-ils favorisé ce formidable sommeil, et empêché la désassimilation, avec l'aide du froid qui, en suspendant la vie, a empêché aussi l'usure de ce qui est ma substance.

» Je saurai cela plus tard.

» Peu importe d'ailleurs.

» Pour le moment, vivons !

» Cette existence nouvelle ne durât-elle que quelques heures, sera assez intéressante pour que je m'y livre tout entier.

— Eh ! bien, étranger, murmure une voix aux inflexions de harpe éolienne, êtes-vous enfin revenu de cette surprise bien naturelle, mais dont les manifestations tumultueuses nous ont tous mis en fuite ?

— Pardonnez-moi, « Grand-Vieux-Monsieur », répond M. Synthèse en employant la formule de politesse raffinée en usage chez les Chinois, mais j'oublie toujours votre prodigieuse impressionnabilité...

» Je ferai tous mes efforts pour m'en souvenir, car ce serait bien mal reconnaître vos bontés que de me rendre, dès le début, aussi désagréable.

— Oh ! nous comprenons et nous excusons bien volontiers votre ignorance de nos usages.

» Quand on a dormi dix mille ans et que l'on s'éveille ainsi au milieu d'un monde complètement transformé...

— Dites bouleversé de fond en comble, au point que je ne sais plus si réellement j'habite encore la même planète, répond M. Synthèse d'une voix lente et basse, au bonhomme à lunettes qui vient s'asseoir familièrement près de lui, sur la peau d'élan.

» Mais, quelque renversantes que soient les choses que je vais apprendre, je me promets de ne plus m'étonner de rien... pour ne pas perdre de temps.

— Si vous le permettez, je me mettrai à votre disposition pour vous expliquer tout ce que notre époque peut avoir de mystérieux et d'inattendu pour vous.

» Mon âge, plus encore que mes études, me donne une certaine expérience, et je serai non moins heureux de vous enseigner le présent, que d'apprendre de vous le passé.

— Je vous rends mille grâces, Grand-Vieux-Monsieur, et je suis à vos ordres.

— C'est moi qui suis votre serviteur, très illustre ancêtre, très vénérable « *Ku tchi jin* » (homme de l'antiquité).

— Voudriez-vous, tout d'abord, me dire comment je me trouve sur la côte ouest de l'Afrique, à laquelle vous donnez le nom au moins original de Chine Occidentale ?

— Très-volontiers.

« Vous êtes venu tout simplement dans un énorme bloc de glace qui, après avoir été le jouet des courants, a été porté au rivage par la marée.

— Comment ! un bloc de glace sous une pareille latitude !

— Le fait est assez fréquent au printemps

— Et ces glaces ne sont pas fondues, en parcourant une telle distance !

— Cette distance est moins grande que vous ne semblez le croire.

— Est-ce que la limite des glaces éternelles, comme nous disions de mon temps, s'est abaissée au-dessous du 68º degré ?

— Oh ! de beaucoup.

» Elle ne dépasse guère, aujourd'hui, l'espace compris entre 48° et 50°.

— La latitude de Paris, interrompt Monsieur Synthèse, avec un brusque haut-le-corps.

— Vous dites Paris ?...

» Je ne connais pas ce lieu géographique.

— Que vais-je donc apprendre ! » murmure le vieillard écrasé.

» Mais, alors, votre zone habitable est singulièrement réduite, si les glaces du Sud remontent proportionnellement à la même hauteur.

— Oh ! la population de la terre est encore à l'aise sur cette zone ; et vous vous en convaincrez, quand vous aurez reconnu la configuration de nos continents actuels.

» Sachez, en outre, que les terres situées immédiatement au-dessus du 48° sont encore inhabitables.

» Il faut, pour permettre de vivre à quelques peupables misérables, attachées, je ne sais pourquoi, à ce sol ingrat, descendre jusqu'au 40°.

— La latitude de Naples et de Madrid !

» Ainsi, continue douloureusement Monsieur Synthèse, l'Angleterre, qui s'appela le colosse britannique, l'Allemagne avec sa formidable puissance militaire, la Russie, qui s'étendait sur les deux hémisphères, la France, dont la pensée rayonnait sur le monde, l'Italie qui fut si grande, l'Espagne qui fut si forte, tout a disparu.

» Force, puissance, immensité, intelligence, tout cela est enfoui sous les glaces.

» De l'Europe même, il ne reste plus qu'un souvenir, une légende, un nom !

— La configuration de notre globe s'est, en effet, très notablement modifiée depuis longtemps.

» Mais, revenons, si vous le voulez bien, à l'événement essentiel qui est cause de votre arrivée parmi nous.

» Ainsi que j'avais l'honneur de vous le dire, un bloc très considérable de glace erratique, détaché de la banquise qui s'est avancée jusqu'au 50ᵉ degré environ, est venu s'échouer hier à la côte.

» Un homme se trouvait comme incrusté dans ce bloc.

» On l'en a retiré avec d'infinies précautions, et on l'a ramené à la vie.

» Cet homme, c'est vous.

» Vous nous avez dit que l'époque de votre mort apparente remonte à dix mille ans...

» Le fait, pour être très extraordinaire, n'en est pas moins réel, puisque vous êtes ici, et que nous vous avons vu dans cette enveloppe paléocrystique avec laquelle vous faisiez corps.

» Que vous ayez été gelé, il y a un an, ou dix mille ans, le fait de votre retour à la vie n'en était ni plus ni moins difficile, étant donné le prodigieux état de conservation dans lequel se trouvait votre organisme.

— Je serais très heureux de connaître le procédé employé pour restituer à ce corps glacé son énergie vitale, son intelligence... transformer cette substance inerte en un être qui vous voit, vous entend, vous comprend.

— C'est bien simple.

» Je présidais, au moment de votre échouage, une séance à l'Académie nationale de Tombouctou.

— Vous dites : Académie nationale.

» Cette appellation implique l'idée de république.

— ... De république universelle... depuis plus de quatre mille ans.

— Et toutes les races humaines s'accommodent de cette forme de gouvernement ?

— Sans doute.

» Du reste, il n'y a, sur la terre, que deux races : la nôtre, et... l'autre que vous connaîtrez bientôt.

» En apprenant un fait aussi intéressant, je quittai sans tarder la séance et j'arrivai ici...

— Mais la distance de Tombouctou à la côte est considérable... et je l'évalue à près de quinze cents kilomètres.

— J'ignore ce que vous appelez des kilomètres.

» Je puis seulement vous affirmer que le trajet ne dure que quelques instants.

» L'espace, d'ailleurs, n'existe pas pour nous.

» Vous fûtes extrait de votre gangue avec des soins minutieux, dépouillé de vos vêtements, et allongé sur un gros bloc de cristal.

— Puis ?

— Puis une douzaine de jeunes gens, des plus vigoureux, se rangèrent en cercle autour de vous, étendirent sur votre corps toujours inerte leurs mains réunies entre elles par simple contact, et vous inondèrent, en quelque sorte, de torrents de fluide qu'ils émettaient sans compter, en braves sauveteurs qu'ils étaient.

— Ce que vous me dites là, Ta-Lao-Yé (Grand-Vieux-Monsieur), est merveilleux.

» De mon temps, on usait de ce moyen pour faire tourner les tables.

» Encore, les tables mettaient parfois beaucoup de mauvaise volonté à se mettre en mouvement.

— C'est là, permettez-moi de vous le dire, Schien-Chung (Né-Avant), une singulière occupation pour des gens graves.

» Et vous paraissez un homme sérieux, bien qu'appartenant à la race des Mao-tchin (corps velus).

» Enfin, j'admets les idées, au nom de la tolérance qui est la dominante essentielle de notre caractère.

» Autrefois vous usiez votre fluide à essayer de faire tourner des tables, aujourd'hui nous l'utilisons à ranimer les corps.

» Il y a progrès, n'est-ce pas ?

— C'est juste et je le reconnais d'autant plus volontiers que j'en suis la preuve bien vivante, répondit gravement Monsieur Synthèse.

— Sous l'influence de ce fluide en quelque sorte infusé en quantité incommensurable à votre organisme, la vie est apparue peu à peu.

— Sans autre manœuvre que cette application de mains... que cette simple émission de fluide ?

» Je n'ai pas été soumis à un agent quelconque de calorification ?...

» A des frictions, à la respiration artificielle, à l'électricité... que sais-je encore ?

— A quoi bon !

» Cette émission de l'énergie vitale, telle que nous la possédons, remplace, et au delà, toutes ces manœuvres dont l'emploi eût d'ailleurs offert bien des dangers, sans présenter grandes chances de succès.

» Notre fluide, voyez-vous, Shien-Chung, est tellement intense, qu'il est pour nous la circulation, la chaleur, le mouvement, l'électricité, la vie, mais avec une telle puissance qu'il remplace tous les agents extérieurs empruntés aux forces de la nature, et qu'il fait réellement de nous les rois de la terre !

— J'ai senti, en effet, une impression étrange, indéfinissable, à mesure que je sortais de cette léthargie séculaire.

» Il me semblait que toutes les parties les plus infimes de mon être se trouvaient agitées tout à coup de trépidations qui peu à peu les animaient.

» Je ne sais quelle force mystérieuse, irrésistible et bienfaisante était transfusée à mon organisme qu'envahissait aussi une béatitude infinie.

» Puis, je m'éveillai, et je repris possession de moi-même, comme si je me trouvais encore là-bas, sur la banquise, au moment où je crus être pour toujours déchargé du fardeau de la vie.

» Mais à votre tour, Grand-Vieux-Monsieur, qui êtes-vous donc, vous qui disposez d'un tel pouvoir ; vous dans lequel je ne reconnais aucun des caractères communs aux races qui vivaient autrefois sur notre planète ; vous qui m'apparaissez enveloppé d'une auréole mystérieuse, sur cette terre si étrangement modifiée ; vous enfin, qui, par je ne sais quelle prérogative en quelque sorte divine, échappez au terre à terre de l'existence, évoluez comme la lumière à travers l'espace, et offrez à mon admiration la monstruosité sublime d'un cerveau qui doit être, qui est l'organe d'une puissance infinie.

— Nous sommes les descendants épurés, affinés, transformés par une lente et continuelle adaptation de deux races qui, depuis les temps les plus reculés, ont affirmé leur prodigieuse vitalité.

» La race noire, la race jaune.

» Vous saurez bientôt comment s'est opérée cette modification qui nous a faits ce que nous sommes.

» Vous connaissez, naturellement, toute la série qui, depuis l'humble cellule, n'a cessé d'évoluer jusqu'à l'homme, le plus parfait de tous les êtres.

» Or, cette progression ne s'est jamais arrêtée ni même ralentie.

» Quel est par excellence l'organe qui a sans cesse bénéficié de cette progression ? »

— Le cerveau !

« Que de chemin parcouru, dans la série animale, depuis l'acranien, depuis l'acéphale jusqu'à l'homme !

— Et depuis l'homme votre contemporain d'il y a dix mille ans, jusqu'à nous.

— C'est vrai !

— Aussi, vous le voyez, chez nous, le cerveau a pour ainsi dire tout absorbé.

» Le développement de sa masse est, vous l'avez dit, énorme jusqu'à la difformité.

» C'est à peine si nous sommes des corps... tant est colossale chez nous la prédominance cérébrale.

» Aussi, peut-on dire justement — et l'appellation parfaitement justifiée nous est appliquée — que la terre est habitée, en l'an 11886, en majeure partie par les *cérébraux*.

— Vous dites: en majeure partie; il y a donc une autre race que la vôtre?

— Sans doute, et vous en verrez bientôt les représentants qui sont retournés presque à l'animalité.

» Ce sont les Mao-tchin, les corps velus qui se rapprochent de vous à plusieurs points de vue. »

CHAPITRE III

Entretien très instructif entre « Grand-Vieux Monsieur » et « Né-Avant ». — M. Synthèse passe à l'état d'homme préhistorique. — Luttes des blancs et des jaunes. — Guerre d'extermination. — Écrasement de la race blanche. — Esclavage et dégradation. — Un type de blanc au douze centième siècle. — Perturbations géologiques. — Modifications du globe terrestre. — Croisement des Chinois et des Nègres. — Le tour du monde par terre. — Translation aussi rapide que la pensée.

— Eh bien, Shien-Chung, comment vous trouvez-vous ?

— Très bien, en vérité, Ta-Lao-Yé.

— N'éprouvez-vous nul besoin de prendre quelques aliments ?

— En aucune façon.

— Cependant les ordres ont été donnés pour que les substances alimentaires telles que les absordent les Mao-tchin vous soient préparées.

— Probablement des légumes, de la viande....

— Sans doute.

— C'est que je ne me nourris pas comme les autres hommes.

» Pendant la seconde moitié de ma vie, je n'ai jamais ingéré que les substances chimiquement pures, composant le principe de ces aliments que vous me proposez.

— Vous !

— Sans doute.

» Que trouvez-vous d'extraordinaire à cela ? répond Monsieur Synthèse en homme qui se sent assez de valeur individuelle pour ne pas avoir besoin de chercher des effets.

— C'est que ce système alimentaire est positivement le nôtre.

» Et vous l'auriez trouvé il y a près de dix mille ans !

— Vous proclamez là l'exacte vérité ! Grand-Vieux-Monsieur.

» De plus, je fabriquais moi-même ces substances. »

— Ce que vous m'affirmez est très étonnant, Shien-Chung.

» Il n'y a donc rien de nouveau sous le soleil.

— Nous avions même de mon temps un aphorisme répondant, mot pour mot, à celui que vous formulez en ce moment.

— Mais, alors, les hommes d'il y a dix mille ans n'étaient donc pas de misérables créatures à peine au-dessus de l'animalité ?

— Que dites-vous là, Grand-Vieux-Monsieur !

» Nous avons eu, au contraire, une civilisation très avancée, et je m'étonne que vous n'en rencontriez pas de nombreux vestiges épars sur les terres habitées jadis par nos contemporains.

— Détrompez-vous : ces vestiges existent en grande quantité, mais ce sont surtout des objets en métaux grossiers dont nous avons peine à deviner l'usage, et qui, dans tous les cas, ne sauraient nous donner une idée bien élevée du niveau intellectuel des hommes préhistoriques.

— Je verrai vos collections, et je serai heureux de vous donner des renseignements précis sur ces antiques débris.

» Peut-être réussirai-je à vous faire revenir de vos préventions.

» Qui m'eût dit, ajoute mentalement Monsieur Synthèse, que je deviendrais un jour l'homme préhistorique... et que j'en serais réduit à apprendre à nos descendants ce que nous étions au XIXe siècle... Comme si l'homme de Néanderthal, de Cro-Magnon où de la Naulette tombant jadis en plein musée anthropologique, eût démontré « ex professo » à nos sommités scientifiques le bien fondé ou l'inanité des hypothèses relatives à nos ancêtres ! »

Monsieur Synthèse eût sans doute monologué plus longtemps, si une diversion ne se fût offerte à lui sous l'aspect d'un homme de moyenne taille, s'approchant d'un air humble, embarrassé, et couvert de vêtements analogues à ceux que portaient jadis les paysans du centre de la France, c'est-à-dire une sorte de blouse en étoffe grisâtre, rude, grossière, serrée aux flancs par une ceinture, et un pantalon ressemblant à peu près aux braies des anciens Gaulois.

L'homme, tête et pieds nus, porte à deux mains un vaste plateau surmonté d'une cloche métallique, et s'arrête en entendant un sifflement doucement modulé par le Grand-Vieux-Monsieur.

— Un Mao-tchin! reprend le vieillard.

— Mais, interrompt Monsieur Synthèse, dont la surprise va grandissant, cet homme auquel vous donnez le nom de « corps velu » répondant à celui d'Aïno, sous lequel nous désignions les indigènes des îles de l'Asie orientale, n'offre aucun des caractères particuliers à cette race primitive.

» Il est blanc... blanc comme je le suis, barbu, chevelu et rappelle comme type les habitants de cette Europe aujourd'hui disparue.

— Une race étrangement dégradée cependant, et bonne tout au plus à remplir près de nous les fonctions serviles.

» Voyez cette tête aux proportions réduites, ce front fuyant, ce col courbé vers la terre, ces mains et ces pieds énormes, ces membres aux muscles de bête...

» C'est à peine s'il est capable de penser !

» Il parle en hurlant, mange gloutonnement, boit avec une avidité d'animal, se bat avec ses congénères, n'hésite pas à les tuer quand l'ivresse ou la fureur l'animent.

» En outre, il lui est impossible de quitter le sol auquel il est rivé pendant toute la durée de sa misérable existence, sans pouvoir s'élancer là-haut d'une envolée audacieuse, sans pouvoir s'élever au gré de ses aspirations, forcé qu'il est, pour se déplacer, de mouvoir alternativement ses jambes...

» C'est un être de transition... le plus parfait des animaux, j'en conviens, mais la plus inférieure des créatures dignes aujourd'hui du nom d'homme. »

— Et dire, murmure douloureusement Monsieur Synthèse, que devant ces *céré-*

braux évidemment affinés, perfectionnés, par une sélection séculaire, je ne suis plus qu'une espèce d'anthropopithèque, un peu plus parfait que l'homme-singe, recherché jadis par mes collègues des sociétés savantes, pour rattacher aux singes eux-mêmes l'homme de mon époque.

» Mais quels êtres sont donc ces *cérébraux* ?

» Bah ! je le saurai bientôt. »

Sur un signe du vieillard que Monsieur Synthèse désigne toujours sous le nom de Ta-Lao-Yé, l'homme étonné de voir un de ses congénères assis familièrement près de son maître, s'en va, la tête basse, en traînant les talons, et disparaît sans un mot, en remportant son plateau, contenant vraisemblablement des provisions de bouche.

— Savez-vous bien, Ta-Lao-Yé, si tous vos Maot-chin ressemblent à cet individu, que vous ne pourrez les assimiler à ceux qui ont habité la terre il y a dix mille ans.

— A tous, sans la moindre exception.

— Et c'est là l'idée que vous vous faites des hommes à peau blanche de votre époque préhistorique !

— Evidemment !

— Détrompez-vous pourtant.

» S'il y a eu des êtres dégradés analogues à celui-là, on comptait parmi nous des hommes réellement supérieurs, et susceptibles d'honorer grandement l'humanité.

— Tout cela dépend du point de vue auquel on se place.

» Il y a dix mille ans, les Mao-tchin, les Corps-Velus étaient les premiers dans l'échelle animale, comme dix mille ans avant vous il y avait des hommes encore inférieurs à vous et qui, eux aussi, étaient au premier rang. »

— Mais, encore une fois, Grand-Vieux-Monsieur, la majeure partie des blancs n'était pas aussi dégradée que ce malheureux esclave.

» La race actuelle a dû nécessairement dégénérer pendant que la vôtre progressait.

— C'est fort possible.

» Du reste, si vous voulez m'accorder quelques instants d'attention, je vais vous esquisser les périodes historiques écoulées depuis les temps les plus lointains dont notre tradition ait conservé le souvenir.

» Peut-être ce récit pourra-t-il jeter quelque lumière sur la question.

» Je pourrai, d'autre part, grâce aux documents que vous possédez, combler certaines lacunes jusqu'à présent infranchissables, e reconstruire une partie de notre préhistoire.

» Vous concluerez ensuite de bonne foi.

» Laissez-moi cependant vous le dire avant de commencer : je vous regarde d'ores et déjà comme infiniment au-dessus de nos corps velus ; et vous êtes la vivante preuve que, de votre temps, l'homme blanc semble s'être élevé bien au-dessus de sa misérable condition actuelle.

— Je vous écoute avec le plus vif intérêt, Ta-Lao-Yé, et je suis très sensible à la bonne opinion que vous avez de moi.

— Je ferai tout mon possible pour la légitimer.

» La tradition nous apprend que nos ancêtres, les Chinois de race pure, étaient confinés sur une portion très considérable d'une terre à laquelle ils donnaient le nom d'Asie.

» Cette terre était, à cette époque, bordée à la partie orientale par une vaste mer...

— Comment ! interrompt avec vivacité

Monsieur Synthèse, tout en mettant une sourdine à sa voix, vous dites : « à cette époque. »

» Est-ce que la mer ne baignerait plus les côtes de l'Asie ?...

— Non, certes, et depuis longtemps.

» Cette mer a été en partie comblée par des excroissances coralliennes qui ont formé comme un nouveau continent soudé à l'ancien.

— J'avais prévu cette hypothèse, ajoute Monsieur Synthèse, et j'étais loin de m'attendre à la voir réalisée.

» Je vous raconterai d'étranges histoires à ce sujet, Ta-Lao-Yé...

» Mais veuillez continuer, je vous prie, et excusez cette interruption.

— Nos ancêtres, de mœurs très douces adonnés presque exclusivement à l'agriculture, se trouvèrent bientôt à l'étroit, sur leur sol où ils avaient singulièrement multiplié.

» Ils finirent par se répandre peu à peu sur les terres voisines où ils rencontrèrent les hommes d'Occident, à peau blanche.

» Ces derniers, de tempérament sanguinaire, ne rêvaient que batailles et conquêtes armées. Déjà, dans mainte occasion, ils avaient attaqué chez eux et battu les pacifiques Chinois qui, cependant, ne demandaient qu'à vivre en paix.

» Cette proximité des deux races amena de nouvelles et plus sanglantes luttes, qui durèrent jusqu'au jour où les Chinois, de beaucoup les plus nombreux, résolurent d'en finir.

» Las d'être sans cesse battus et exploités, ces modestes agriculteurs, forcés d'emprunter, pour se défendre, à leurs turbulents voisins, leurs méthodes et leurs procédés de combat, se révélèrent un beau jour de terribles guerriers.

» Terribles et implacables, comme vous allez l'apprendre.

» Notre tradition conserve le souvenir d'un massacre général des blancs qui se trouvaient sur le sol de nos ancêtres... d'un massacre qui devait amener d'épouvantables représailles.

» Les blancs, quand ils n'attaquaient pas les Chinois, avaient coutume de s'entr'égorger de nation à nation, et vivaient par conséquent dans un état d'hostilité permanente.

» Vous voyez combien ils étaient déjà inférieurs à nos ancêtres et combien ils se rapprochaient de l'animalité, puisqu'ils ne pensaient qu'à tuer, au lieu de vivre en paix, heureux de demander à la terre leur subsistance corporelle, à l'étude les joies de la pensée.

» Pour la première fois peut-être, ils songèrent à se mettre d'accord et à réunir leurs efforts pour repousser l'ennemi commun.

» Mais il n'était plus temps !

» La Chine était à son tour formidablement armée : des millions de combattants, résolus, comme je l'ai dit, d'en finir avec ces voisins inquiétants, quittèrent le sol de la patrie, décidés à n'y rentrer qu'après l'anéantissement complet des blancs.

» Ce fut une guerre de race, une guerre sans trêve et sans merci, une lutte d'extermination.

» Les Chinois se répandirent, comme un torrent que rien n'arrête, jusque dans l'extrême Occident, ravagèrent les pays, rasèrent les villes, égorgèrent les habitants, et trouvant, en fin de compte, un sol admirable, d'une fertilité qui devait tenter leur tempérament d'agriculteurs, s'y installèrent progressivement.

— Cela devait arriver, interrompit à voix basse Monsieur Synthèse.

» On ne se joue pas impunément d'un colosse comme l'empire chinois qui, à la fin du dix-neuvième siècle, renfermait à lui seul près d'un demi-milliard d'habitants. Et, dites-moi, Ta-Lao-Yé, cette lutte fut longue, sans doute?

— Tout nous fait supposer, au contraire, qu'elle fut courte, mais atroce, grâce à des procédés très perfectionnés d'homicide que les combattants possédaient.

» Les moins nombreux succombèrent fatalement.

— Et l'égorgement fut complet, n'est-ce pas?

— Détrompez-vous, Shien-Chung.

» Dès cette époque les Chinois étaient déjà

bien trop industrieux, trop économes, si vous le voulez, pour anéantir ainsi sans motif des forces actives.

» Ceux qui échappèrent au massacre de vinrent de simples esclaves auxquels on refusa toute culture intellectuelle, et qu'on astreignit aux plus rudes travaux.

» Des lois spéciales, où se retrouve toute la sagesse de ces hommes réellement remarquables, furent édictées aux premiers temps de la conquête et consacrèrent à tout jamais l'infériorité des vaincus.

» Défense fut faite de s'allier à eux, de leur permettre l'étude, de les laisser s'accroître au delà d'une certaine proportion, de quitter la terre à laquelle ils devaient demeurer attachés.

» De cette époque date certainement la dégradation où vous voyez nos Mao-tchin, les tristes descendants de ces vaincus de l'an deux mille.

» Et à propos de ce nom de Mao-tchin, qui s'est perpétué parmi nous en même temps que les esclaves de nos ancêtres, vous m'avez dit qu'il appartenait jadis à des peuplades très inférieures, habitant certains confins de l'ancienne Chine.

— En effet.

— Ne pensez-vous pas que cette appellation ait été, dans le principe et par analogie, appliquée aux vaincus par les conquérants ?

» Les vaincus étant très barbus, comme les Maot-chin de leur temps, les Chinois ont dû établir nécessairement des comparaisons provoquées par cette surabondance du système pileux.

» Inférieurs tous deux à la race conquérante : les uns originellement, les autres par l'asservissement, velus tous deux, il n'est pas étonnant que les blancs, vos descendants, aient hérité de cette qualification parfaitement justifiée.

— C'est juste, répond distraitement Monsieur Synthèse, que cette digression étymologique laisse froid, en présence du désastre des hommes de sa race.

— Je continue.

» Il y eut, en Occident, une expansion de la civilisation chinoise qui s'établit de toutes pièces, avec son caractère propre, et prospéra sur les ruines de celle que vous attribuez à vos concitoyens, et que je me plais d'ailleurs à reconnaître d'après vos affirmations.

» L'Asie, l'Europe et bientôt le nord de l'Afrique, tout devint Chinois, et en peu de temps la population jaune s'accrut dans des proportions inouïes, pendant que le nombre des Mao-tchin demeurait rigoureusement stationnaire.

» Plus tard, à une époque encore indéterminée que notre chronologie n'a pu préciser, mais qui, pourtant ne dépasse pas le vingt-quatrième siècle...

— A propos de chronologie, je vous ferai remarquer que vous avez gardé la nôtre, celle de ces blancs si cruellement anéantis.

— Sans doute, et cela ne nous gêne en aucune façon.

» C'est du reste peut-être la seule chose que nous ayons conservée d'eux.

» Quoi qu'il en soit, vers le vingt-quatrième siècle, notre planète fut en proie à des perturbations que rien ne faisait prévoir: perturbations atmosphériques, géologiques et même astronomiques.

» Après d'effroyables tremblements de terre qui disloquèrent la couche solide, déplacèrent certaines mers et certains continents, et bouleversèrent de fond en comble les régions polaires arctique et antarctique. Il y eut une sorte de confusion dans les saisons et un notable abaissement de la température en général.

» Je vous signale en bloc ces événements, me réservant de vous les développer plus tard si vous le jugez à propos, et de vous en expliquer au point de vue de la science les causes probables, les effets certains.

» Les glaces envahirent les régions du Nord et du Sud et restèrent en permanence sur les terres occupées jadis par les conquérants. Ceux-ci se trouvèrent de la sorte refoulés vers des latitudes plus clémentes, et il ne resta, dans la région du Nord, que de rares Mao-tchin, qui végétèrent misérablement jusqu'à notre époque, en livrant à ce sol ingrat un rude et perpétuel combat.

» Nos ancêtres fuyant l'Europe devenue hyperboréenne arrivèrent directement en Afrique.

— Et la mer Méditerranée qui les sépare l'une de l'autre ?

— S'il y a eu jadis une mer entre ces deux contrées, cette mer n'existe plus depuis le grand cataclysme dont je viens de vous parler.

» Nos ancêtres trouvèrent, lors de cette seconde migration, une race primitive, à l'épiderme complètement noir ; une race très douce, hospitalière, pacifique et particulièrement laborieuse.

» Les noirs, loin de les recevoir comme jadis les blancs, en ennemis acharnés, les accueillirent fraternellement, partagèrent leur sol avec eux et leur témoignèrent la plus vive sympathie.

» Bientôt se produisit un phénomène

anthropologique très curieux, et rationnel pourtant.

» Il y eut entre les noirs et les jaunes des alliances très nombreuses et particulièrement fécondes, sans que le métissage, comme on eût pu le craindre, entravât en rien, pendant les périodes ultérieures, cette fécondité.

» Il y eut absorption mutuelle des deux races, fusion absolue, sans prédominance aucune de l'élément jaune, et réciproquement.

» Tous les deux bénéficièrent en outre, et largement, de ce croisement qui produisit des résultats merveilleux.

» Ainsi, le noir fournit à cette association humaine sa vigueur corporelle, sa prodigieuse endurance aux fatigues, son adaptation séculaire au climat intertropical, son immunité aux maladies locales, son sang vif, généreux.

» L'homme jaune apporta surtout des facultés mentales, développées par une civilisation séculaire, les arts, les sciences, l'industrie, un cerveau tout meublé, tout agencé par atavisme, une volonté tenace et une organisation sociale complète.

» Au contact de ce sang jeune qui coulait impétueux dans les veines de l'homme à l'état de nature, le sang du Chinois, débilité peut-être par une longue succession d'années, reprit une vigueur nouvelle, se régénéra.

— Somme toute, une greffe humaine, interrompit M. Synthèse, de plus en plus intéressé.

— Une simple greffe, vous l'avez dit, Shien-Chung.

— Et dont le résultat, je le constate avec

bonheur, est admirable, du moins en ce qui concerne l'Afrique centrale où nous sommes en ce moment, et à laquelle vous donnez le nom de Chine occidentale.

» Mais je serais curieux d'apprendre comment s'est opéré ce croisement, comment s'est accomplie cette évolution sur les autres points de la planète, et que vous devez sans doute appeler Chine centrale, Chine orientale, du moins pour demeurer conséquent avec vous-mêmes au point de vue géographique.

» Et d'abord, la race qui peuple ces contrées éloignées est-elle semblable à la vôtre?

— Complètement.

— Voilà qui est extraordinaire.

— En aucune façon, et vous allez me comprendre.

» Veuillez tracer par la pensée, à environ 30° au-dessus et au-dessous de l'équateur, deux lignes circulaires embrassant toute la circonférence de la terre.

— C'est fait.

— L'espace de terre compris entre ces deux lignes compose à peu près toute la surface de notre sol habitable.

— Cette quantité me semble singulièrement réduite, et l'humanité doit s'y trouver à l'étroit.

— Vous oubliez, Né-Avant, que depuis l'ancienne Chine, qui fut le berceau de notre race, et en suivant la direction du soleil levant, on trouve toujours de la terre.

— C'est juste.

» Vous m'avez dit que l'on rencontrait là un continent immense formé par des coraux...

— ... Qui furent soulevés lors de ce cataclysme dont je vous ai parlé tout à l'heure.

» Or, même et surtout à votre époque,

cette région parsemée d'îles devait être habitée par des hommes de race noire.

— Vous avez raison, Ta-Lao-Yé.

« Je comprends maintenant comment s'est opéré partout ce croisement, cette fusion des deux races.

» Il y a eu également exode du côté de la Chine orientale, et ceux que nous appelions les Papous, les Australiens même et les Polynésiens, se sont alliés aux Chinois.

» Puis la masse des hommes jaunes se répandant sans cesse à travers ce nouveau continent, a rencontré les nègres américains et les belles races noires des Antilles.

» Pour peu que le bouleversement ait fait surgir entre l'Afrique et l'Amérique des terres nouvelles, il y a eu, d'autre part, un apport constant de l'élément noir à cette dernière contrée, de façon à combiner cet élément aux Indiens qui, à mon avis, descendent également des anciens Mongols.

— Votre supposition est parfaitement juste, et les remaniements du sol ont été tels, qu'il est possible de faire aujourd'hui le tour de la planète sans quitter le solide.

— Voilà qui est réellement merveilleux, et déroute toutes mes anciennes conceptions relatives à l'avenir.

» Aussi, me demandai-je sincèrement quel accueil eût été fait à celui qui eût osé jadis formuler ces prédictions : L'avenir est aux Chinois et aux nègres !... Dans quelques milliers d'années, on pourra faire le tour du monde par terre au niveau de l'équateur !...

— C'est un voyage que je serai heureux de vous faire accomplir, Shien-Chung.

» Un voyage aussi agréable que rapide.

— Oh ! je ne doute pas que vous n'ayez des moyens de transport excessivement perfectionnés et comme vitesse et comme confortable.

— Ils sont presque instantanés !

— De vous rien ne va bientôt plus m'étonner, Grand-Vieux-Monsieur.

» Mais, vous m'intriguez, pourtant.

» Nous n'irons pas par mer, je présume ?

— Depuis des milliers d'années ce procédé n'existe plus que comme légende.

— Des gens comme vous ne peuvent décemment voyager par terre.

— Vous l'avez dit, Né-Avant

— C'est donc à travers les airs que nous prendrons notre vol.

— Vous devinez, Shien-Chung.

— En ballon, peut-être.

— Fi donc !

» Les arrière-grands-pères de nos bisaïeux n'ont vu, eux-mêmes, ces machines incommodes que dans des musées, ayant vingt siècles d'existence. »

— Cependant, je vais vous accompagner par air.

— Et avec une vitesse presque égale à celle de la lumière.

CHAPITRE IV

Considérations sur l'hypertrophie cérébrale des hommes à grosse tête. — La force psychique. — La lévitation ou enlèvement des corps humains. — Exemples tirés des contemporains de Monsieur Synthèse. — Les expériences de M. Crookes. — Incroyable vigueur de Ta-Lao-Yé. — A propos d'anguilles électriques. — Commencement du voyage de Monsieur Synthèse à travers les airs. — Maisons en porcelaine. — Maîtres et esclaves. — Pendant le jeune âge. — Aussi vite que la pensée. — L'arrivée.

— Et vous êtes prêt à entreprendre ce voyage original? demanda Monsieur Synthèse à son obligeant interlocuteur.

— Nous sommes toujours prêts à nous déplacer, reprit le bonhomme, certains que nous sommes de rencontrer partout les éléments essentiels à notre vie, car nous nous trouvons partout chez nous.

— Un mot encore, et un moment de répit, je vous prie, Grand-Vieux-Monsieur.

— Tout ce que vous voudrez et tant que vous voudrez, Né-Avant.

— Mille grâces pour votre inépuisable obligeance.

» J'ai parfaitement compris l'enchaînement des faits extraordinaires que vous venez de me raconter brièvement, et sur lesquels, j'ose l'espérer, vous voudrez bien revenir ultérieurement avec plus de détails.

— Je serai très heureux, je le répète, de vous initier au passé comme au présent.

— Encore une fois, merci.

» Tous ces faits historiques, ayant pour objet les hommes et les choses, tous ces changements survenus dans la configuration de la terre, quelque extraordinaires qu'ils soient, n'ont rien d'irrationnel, et je les admets d'autant mieux, que vous m'en apporterez la preuve indiscutable.

» J'aurais cependant à vous interroger relativement à votre conformation anatomique, à votre état de sensibilité extrême, presque maladive, et surtout à cette force stupéfiante qui fait de vous, à volonté, des êtres aériens, heureux rivaux de ceux auxquels des ailes permettent de planer au-dessus de cette terre à laquelle nous sommes nous autres, irrévocablement attachés.

— Vous avez bien compris, n'est-ce pas, comment notre cerveau, étant par excellence l'organe soumis depuis des milliers d'années à un exercice permanent, a pu se développer ainsi d'une façon qui vous semble monstrueuse.

» C'est là un phénomène constant dans la nature.

— Il est en effet prouvé qu'un organe sans emploi pendant une série de générations, s'affaiblit, s'atrophie et disparaît peu à peu.

» Réciproquement, comme vous venez de le dire, un organe qui travaille sans cesse, s'accroît, se fortifie, parfois jusqu'à l'hypertrophie, aux dépens des autres organes. Nous savions cela de mon temps.

— Rien de plus simple alors que cette impressionnabilité qui vous semble maladive, et qui provient d'une prédominance nerveuse, résultant elle-même de notre prédominance cérébrale.

» Étant des *cérébraux*, nous devons nécessairement être des *nerveux*.

— C'est juste.

— Notre cerveau possédant un volume au

moins triple du vôtre, nous devons être trois fois plus nerveux que vous.

— Sans aucun doute.

— Mais cette proportion, exacte en apparence ou en principe, ne l'est pas dans l'application.

— Evidemment, puisqu'il faut tenir compte de l'exercice permanent de votre substance cérébrale, comme aussi de votre substance nerveuse.

— ... Exercice permanent quant à présent, mais vous devez ajouter : et séculaire ; car nos pères nous ont légué de génération en génération une impressionnabilité que nous perfectionnons sans cesse.

— Jusqu'à un commencement d'immatérialisation de votre organisme.

— Vous avez trouvé le mot propre, Shien-Chung.

» Immatérialisation !... C'est bien cela.

» Tel est en effet l'état que nous poursuivons sans cesse et que nos descendants plus heureux atteindront sans doute.

— Voilà donc pourquoi cette hypertrophie cérébrale et cet état d'éréthisme nerveux résultant d'une adaptation déjà ancienne, vous rendent insupportable un bruit plus ou moins intense, un simple éclat de voix, une surprise, un geste violent.

— Au point que nous sommes contraints d'être d'une part, toujours sur le qui-vive pour amoindrir les effets de ces perturbations, et d'autre part, de capitonner en quelque sorte notre existence, de mettre une sourdine à tout objet, inerte ou vivant, susceptible de produire ces vibrations qui troublent notre organisme si délicat.

» Aussi, tout ce qui nous entoure est-il agencé de façon à éviter le moindre bruit insolite...

» Les Mao-tchin, nos esclaves, doivent nous parler à voix basse, ne jamais pousser de cris...

— Mais, quand l'orage gronde, par exemple.

— L'inconcevable sensibilité de nos nerfs nous avertit de son approche.

» Aussitôt, et bien avant qu'il ait éclaté, nous nous enfuyons sur un point où le ciel est pur.

— Vous avez réponse à tout, Ta-Lao-Yé, et je vous admire sans réserves.

» Quant à cette force extraordinaire, stupéfiante, à laquelle je donnerai, — non pas empiriquement, — le nom de *force psychique*...

— Vous avez dit : Force psychique !

» Savez-vous bien que, vous aussi, Shien-Chung, vous êtes prodigieux.

— Comment cela, Grand-Vieux-Monsieur ?

— C'est que nous n'avons pas d'autre appellation pour désigner cette force au secret de laquelle je vais tâcher de vous initier.

A mon tour, laissez-moi vous dire que, de mon temps, il y eut certains adeptes, des êtres réellement favorisés, qui, par un don de nature, possédaient cet admirable privilège de pouvoir s'enlever ainsi spontanément au-dessus du sol.

— Que dites-vous là, Shien-Chung?

— L'exacte vérité, Ta-Lao-Yé.

» Il est vrai que cette propriété merveilleuse n'était leur précieux apanage que de temps en temps, et encore étaient-ils loin de l'avoir comme vous.

— Eh! pensez-vous que tous mes contemporains la possèdent au même degré!

» Détrompez-vous, Né-Avant.

» De même que tous les hommes n'ont

pas la même taille, la même vigueur musculaire, la même intelligence, de même aussi la force psychique n'est pas également répartie parmi eux.

— Cela me paraît juste et conforme aux lois de la nature qui n'a jamais pu et ne pourra jamais produire l'équivalence des êtres, aussi bien dans l'ordre animal que dans l'ordre végétal.

— Vous me comprenez admirablement, Shien-Chung, et c'est un grand bonheur pour ma vieillesse de trouver, parmi les débris des anciens mondes, un interlocuteur aussi intelligent que vous.

» Réellement vous avez devancé votre siècle...

— C'est, hélas ! beaucoup de lui avoir survécu !

— Mais, vous venez de prononcer ce mot de : Force psychique.

»... Mais vous m'avez dit qu'il y a dix mille ans, certains de vos contemporains — des Mao-tchin, — possédaient ce privilège qui nous est exclusif, et qui a toujours été, même partiellement, refusé par la nature à nos Mao-tchin d'aujourd'hui.

— Je n'ai rien avancé qui ne fût réel, Ta-Lao-Ye, et je vais vous le prouver.

— Je n'ai jamais mis en doute votre véracité, Shien-Chung.

» Je vous demande seulement de me dire en quoi les cérébraux de votre temps étaient, de près ou de loin, semblables à nous.

— Bien peu et de très loin, Ta-Lao-Yé.

» Et d'abord, ils n'étaient pas plus cérébraux que les autres hommes et ne possédaient, je viens de vous le dire, qu'à un degré très faible, cette puissance que j'admire et que j'envie chez vous.

» Cependant le fait est indéniable.

» Il a existé, je le répète, non seulement au dix-neuvième siècle, mais encore antérieurement, des hommes doués de la propriété de s'élever, sans cause visible, au-dessus du sol, de s'y maintenir et de flotter dans les airs sans le moindre appui, et cela pendant un certain temps.

» Nous donnions à ce phénomène le nom de *lévitation* (1).

» J'ai vu, de mes propres yeux vu, dans l'Inde, des pundits, c'est-à-dire des illuminés, des adeptes, s'enlever doucement dans les airs, par la seule force de leur volonté, et y demeurer, comme je viens de vous le dire. Ces hommes vivaient d'une vie essentiellement contemplative, s'absorbaient en eux-mêmes, se détachaient autant que pos-

---

(1) Voir, à ce sujet, le très remarquable article publié par M. le commandant de Rochas dans la *Revue scientifique* du 12 septembre 1885.

sible du monde extérieur, et s'efforçaient à tout moment d'exaspérer, par des moyens connus d'eux seuls, leur sensibilité nerveuse.

» Je pourrais vous citer des exemples très nombreux.

» .....Je préfère m'arrêter à ceux qui me paraissent le plus concluants, en ce qu'ils ont été soumis à un contrôle rigoureusement scientifique, permettant d'éloigner toute idée de supercherie de la part des témoins ou des acteurs.

» C'est ainsi qu'à maintes reprises, un Anglais, membre de la Société Royale de Londres, M. Crookes, bien connu d'autre part pour ses belles découvertes en chimie et ses mémorables expériences sur la matière radiante... »

» Mais je vous parle de Londres, de Société Royale, et même d'Angleterre, comme si vous étiez un contemporain... tant mon esprit a de peine à concevoir la succession prodigieuse des siècles écoulés! »

— Vous êtes très intéressant, Shien-Chung, et j'éprouve, à cette évocation du passé, autant de bonheur que vous en fera ressentir bientôt la connaissance du présent.

» Je suis heureux, en outre, d'apprendre que, parmi les hommes de votre temps, il s'est trouvé, en dépit de l'imperfection, ou plutôt de l'infériorité notoire de leur organisme, des êtres privilégiés partiellement et temporairement doués comme nous le sommes.

» Veuillez continuer, je vous prie.

— Eh bien, M. Crookes put, au moyen d'appareils aussi simples qu'ingénieux, mesurer et enregistrer la force développée par ces êtres si heureusement doués, sans que ceux-ci fissent aucun mouvement appréciable, ou semblassent même se douter de cette curieuse et considérable émission de fluide.

» Les instruments de précision ne mentent pas, et ne sauraient devenir l'objet d'hallucinations, n'est-ce pas !

— Sans aucun doute.

» Et, dites-moi, Né-Avant, quel était en somme le développement, ainsi mesuré, de cette force que vous regardez comme considérable ?

— Suffisante pour enlever les « sujets » à plusieurs centimètres, et même à plusieurs mètres au-dessus du sol, elle a donné aux appareils une pression évaluée à cent cinquante fois l'unité de poids en usage à ce moment, c'est-à-dire à cent cinquante kilogrammes.

— Très bien.

» Quel est, à votre avis, le poids de ce bloc

sur lequel vous vous êtes éveillé tout à l'heure?

— C'est du verre ou du cristal, n'est-ce pas?

— Du cristal ; pesant?...

— ...De quinze cents à deux mille kilogrammes... peut-être davantage...

— Alors, regardez.

En prononçant ces mots, le vieillard se lève doucement, assure ses pieds sur le sol, se cambre légèrement en arrière, et touche simplement de ses dix doigts écartés l'énorme bloc.

On imaginera sans peine la stupéfaction de Monsieur Synthèse, en voyant cette masse écrasante glisser rapidement, et avec un sourd froissement, sur la gracieuse mosaïque formant le plancher, comme si un mécanisme puissant l'eût subitement entraînée.

— Je puis, continua imperturbablement

le vieillard, le culbuter à volonté sur l'une ou l'autre de ses faces...

— Oh! c'est bien inutile, et je suis persuadé qu'une semblable prouesse n'a rien d'impossible pour vous.

— C'est pour moi, comme pour tous mes congénères, la chose la plus naturelle du monde, car notre force est pour ainsi dire infinie...

» Ainsi, supposez que je saisisse votre poignet entre deux de mes doigts, je pourrais l'écraser, le couper, comme s'il se trouvait pris sous l'angle de cette masse que je viens de déplacer d'un geste.

— Je n'en doute pas.

— Un mot encore avant de vous faire, comme vous le méritez, les honneurs de notre monde.

» Comment expliquez-vous, il y a dix mille

ans, ce phénomène devenu aujourd'hui notre unique manière d'être ?

— Nous supposions que cette force, procédant essentiellement du système nerveux, formait une sorte d'atmosphère nerveuse d'intensité variable entourant les corps, et capable, dans la sphère de son action, de donner des mouvements aux objets solides.

» C'est ainsi que, à notre avis, la *lévitation* ou l'enlèvement du corps humain, s'opérait par une sorte de répulsion le corps étant pour ainsi dire chassé du sol sous l'influence de cette atmosphère nerveuse l'environnant de toutes parts.

— Il n'y a pas d'autres explications à cette propriété, et je suis à mon tour stupéfait de les entendre formuler avec autant de netteté par un homme ayant vécu aux époques les plus reculées.

— Et pourtant, en dépit de leur évidence, la plupart de nos contemporains refusaient de les admettre.

— Était-on si incrédule déjà ?

— Plus encore que vous ne sauriez le supposer.

— Cependant, il y a dans la nature des êtres doués de propriétés toutes particulières...

— Ne fût-ce que le gymnote qui possède une sorte de sens électrique, analogue, toutes proportions gardées, à cette force psychique, en ce que, chez lui, l'électricité forme autour de son organisme une atmophère spéciale.

— Vous avez pleinement raison, Schien-Chung.

» Mais, c'est assez sur ce sujet, du moins pour l'instant.

» Vous sentez-vous de force à quitter ce

lieu où j'eus le bonheur de vous trouver et à entreprendre le voyage que je vous ai proposé?

» Votre lucidité me prouve que chez vous le réveil de ce séculaire sommeil est complet, et c'est là l'essentiel.

» Quant à la vigueur de votre corps, elle est suffisante...

» Fussiez-vous d'ailleurs plus faible qu'un enfant, vous n'en accomplirez pas moins sans fatigue, comme sans danger, cette exploration qui sera, je n'en doute pas, aussi facile qu'intéressante.

— Je suis à votre absolue disposition, Ta-Lao-Yé, et je me remets entre vos mains.

— Entre « vos mains » est parfaitement exact, et vous croyez peut-être ne pas dire aussi juste. »

Depuis quelques moments, plusieurs Cérébraux, c'est ainsi que les désigne en aparté Monsieur Synthèse, se sont rapprochés peu à peu du groupe formé par les deux interlocuteurs.

Comme Monsieur Synthèse, ou Schien-Chung, ainsi qu'on l'appela dès lors, a mis une sourdine aux formidables éclats de sa voix, et qu'il n'amène plus aucune perturbation dans l'organisme si délicat des sensitives humaines, les nouveaux venus se pressent autour de lui, et l'examinent avec une amicale curiosité.

Ta-Lao-Yé prononce quelques mots de sa douce voix. Ils se rapprochent encore de monsieur Synthèse qu'ils touchent légèrement de la main, en allongeant le bras en demi-flexion.

Ils sont cinq en tout, Ta-Lao-Yé compris.

A ce contact imperceptible, Monsieur Synthèse, radieux, se sent doucement soulevé au-dessus du sol, et monte lentement, au milieu du groupe dont il forme le centre.

— C'est donc là, dit-il tout éperdu, malgré son habituel sang-froid, ce merveilleux procédé dont vous me parliez, vénérable Ta-Lao-Yé !

— Le trouvez-vous à votre gré, Né-Avant?

— Dites que je suis enthousiasmé !... que ma langue ne trouve plus de mots pour exprimer la joie qui m'inonde, et pour dépeindre l'inexprimable béatitude qui m'envahit. »

A ce moment, le groupe qui venait de glisser doucement par une large ouverture, monte en plein air et s'arrête à la hauteur d'une vingtaine de mètres.

— Vous n'êtes pas sujet au vertige, reprend Ta-Lao-Yé.

» Du reste, vous ne courez aucun danger, étant ainsi soutenu par nous.

» Vous êtes au centre de l'atmosphère formée autour de nos organismes par la force que nous dégageons...

» Vous faites pour ainsi dire corps avec nous, et vous participez à notre existence propre.

» Maintenant, que préférez-vous ?

» Aimez-vous mieux être transporté à Tombouctou avec la rapidité de la pensée ?

» Voulez-vous plutôt glisser lentement, à une faible hauteur, au-dessus du sol, et regarder, en voyageur curieux autant qu'expérimenté, les pays au-dessus desquels nous allons passer ?

— Si vous n'y voyez aucun inconvénient, Grand-Vieux-Monsieur, et si vos aimables compagnons veulent bien acquiescer à mon désir, je vous demanderai cette dernière faveur.

— Vous êtes libre de choisir, Schien-Chung, et notre hospitalité se fera un devoir de remplir toutes vos volontés.

— Je vous rends mille grâces !

» Mais j'espère toutefois ne vous occasionner aucun surcroît de fatigue. »

Un rire très doux, très bienveillant, nullement ironique fut la seule réponse des nouveaux amis de monsieur Synthèse qui comprend, à la façon dégagée dont ils évoluent, qu'il vient de proférer une énormité.

Le groupe, animé d'une très faible vitesse de translation, s'arrête un moment pour permettre à l'ancêtre préhistorique de contempler, pour la première fois, dans son ensemble, le lieu où il s'est si miraculeusement échoué.

Contre son attente, cet examen ne lui procure aucun étonnement. Il aperçoit une ville de médiocre importance, dont les constructions éparses, sans aucune symétrie, sont entourées de végétaux variés, confondus dans un pêle-mêle plein de pittoresque.

A côté des superbes produits de la flore tropicale vivent fraternellement ceux de la zone tempérée, bien reconnaissables, les uns comme les autres à première vue, à leur feuillage, et dont la réunion forme un contraste charmant.

Les constructions de belle apparence, toujours isolées les unes des autres, sont généralement assez élevées et se singularisent par un esprit architectural tout particulier.

Les murailles et les toitures luisantes, éclatantes, scintillent au soleil, avec des nuances variées très différentes de tons et pourtant assez heureusement harmonisées.

— Ce sont là, si je ne m'abuse, dit à voix basse M. Synthèso, des bâtiments chinois, à peine différents de ceux que l'on voyait de mon temps sur les terres du Céleste-Empire.

» La forme et le caractère en sont restés presque immuables.

— Comme notre langage et comme nos traits, Shien-Chung, répond Ta-Lao-Yé.

» A quoi bon modifier ce qui est d'aspect agréable et d'usage commode?

» Ces maisons en porcelaine sont très propres, très fraîches, très saines ; elles ont pour nous l'avantage de ne pas s'imprégner des miasmes se dégageant des marais de la côte, d'être inaccessibles aux insectes et aux reptiles malfaisants, et de nous préserver des ardeurs parfois considérables du soleil.

» Que demander de plus?

— Encore vous faut-il, non-seulement pour les construire, mais encore pour créer les matériaux qui les composent, des artisans habiles.

— N'avons-nous pas nos manœuvres habituels, nos Mao-tchin, qui, sous notre direction, exécutent tous les travaux imaginables.

— En effet.

» En voyant votre race si affinée, si quintessenciée, incapable, je le crois, du moins, de ces travaux grossiers, j'oublie qu'il y a l'autre race, la mienne... celle des opprimés... des maudits !

— Ils ne sont ni maudits, ni opprimés, comme vous semblez le croire, Né-Avant.

» Ce sont tout simplement des êtres d'essence inférieure, travaillant sans initiative, il est vrai, comme sans répulsion, un peu à la façon d'animaux.

» Ils n'innovent rien, mais comme je viens de vous le dire, exécutent d'après nos ordres, et sont d'excellents ouvriers d'art, d'industrie, d'agriculture.

— De sorte qu'il leur est interdit de s'élever au-dessus de leur misérable position?

— Voyons, Shien-Chung, n'en était-il pas ainsi de votre temps, toutes proportions gardées cependant?

» N'y avait-il pas des êtres inférieurs, des malheureux, si vous voulez, condamnés par l'implacable nécessité aux travaux les plus durs, les plus ingrats, pendant que d'autres, — des heureux, ceux-là, — bénéficiaient de leurs fatigues et de leurs sueurs?

» Vous-même, Shien-Chung, qui êtes un esprit cultivé, avez-vous jamais remué le sol, transporté des matériaux, tissé des habits ou récolté des grains?

» Vous faisiez faire ces ouvrages par vos inférieurs, vos Mao-tchin, que vous ne regardiez pas comme des égaux.

» Et l'eussent-ils été comme hommes au

point de vue matériel, ils n'eussent pu l'être comme intelligence.

» De votre temps, la différence entre les producteurs et ceux qui font produire, entre les exploiteurs et les exploités, pour être moins considérable qu'aujourd'hui, n'en existait pas moins.

— Encore donnions-nous un salaire à nos travailleurs.

— Pensez-vous que nos Mao-tchin travaillent gratuitement ?

» Nous leur donnons tout ce dont ils peuvent avoir besoin : le vivre, le couvert, l'habillement, les soins quand ils sont malades, un asile et le repos quand ils deviennent vieux...

» En faisiez-vous autant jadis pour ceux de votre propre race ?

— Et pourtant, tout ce qu'ils produisent ainsi de première main est bien à eux.

» Ces vivres que vous leur donnez... comme aussi ces vêtements qu'ils fabriquent, ces maisons qu'ils édifient et tant d'autres choses encore.

» Si vous n'étiez pas là, ils n'en produiraient pas moins pour leur usage ce que vous êtes censé leur donner, car, en somme, ils peuvent vivre sans vous.

— Vous semblez oublier qu'ils sont la race asservie et que nous sommes les maîtres; que tout ce qui est ici est à nous, qu'ils ne peuvent ni ne doivent rien posséder en propre, et que notre volonté a force de loi, parce qu'ils sont manifestement inférieurs au dernier d'entre nous.

» Vous avez compris, n'est-ce-pas ? termina Ta-Lao-Yé, sans que son organe musical ait un seul instant vibré un peu plus fort.

— Hélas ! murmura douloureusement en

aparté M. Synthèse, c'est ainsi que j'entendais raisonner et que je voyais agir dans ma jeunesse les propriétaires d'esclaves !

» C'est ainsi que pensaient encore et bien plus tard les Américains du Sud, jusqu'au moment où la terrible guerre de Sécession brisa les fers de tant d'infortunés et ferma cette hideuse plaie de l'esclavage.

» Mais aussi quelle revanche aujourd'hui pour la postérité des arrière-neveux de l'oncle Tom ! ».

Et le mouvement de translation du groupe continua en s'accélérant à travers les airs, pendant que le vieux savant, plongé dans ses réflexions, apercevait au-dessous de lui des ruisseaux, des rivières, des bois, des champs, des habitations, des Mao-tchin courbés sur la glèbe ou évoluant péniblement sur des routes, pendant que passaient près de lui, par troupes ou isolés, les hommes à grosse tête, les cérébraux, glissant indolemment, ou filant comme des éclairs, au gré de leur fantaisie.

Ta-Lao-Yé, le premier, rompit le silence observé respectueusement par ses compagnons plus jeunes et certainement inférieurs à lui dans la mystérieuse hiérarchie de la République Cérébrale.

Le bon vieux semble d'ailleurs un peu bavard, et ce silence paraît lui peser.

— Voulez-vous, dit-il à M. Synthèse, que nous accélérions notre course?

» Il n'y a rien de bien curieux à voir d'ici Tombouctou.

» Encore ne ferons-nous que séjourner un moment dans cette ville avant de continuer notre voyage autour de la planète.

— Bien volontiers, Ta-Lao-Yé.

» J'aurais cependant quelques renseignements à vous demander relativement à votre organisation, afin d'être absolument à la contemplation des merveilles que vous m'allez montrer, sans être distrait par aucune préoccupation étrangère.

» Je suis toujours méthodique, un peu tatillon si vous voulez, et je n'aime pas à m'occuper de plusieurs choses à la fois.

— Parlez, Shien-Chung et comptez toujours sur une condescendance qui ne se démentira pas.

— Nous allons, dites-vous, à Tombouctou, la ville dans laquelle vous résidez habituellement.

» Voudriez-vous me dire comment vous êtes organisés au point de vue de la famille, de vos relations entre vous, et avec les Maotchin, vos auxiliaires méprisés mais cependant indispensables.

» Êtes-vous individuellement les maîtres d'un ou plusieurs esclaves, ou votre suprématie s'étend-elle sur la race entière?

» Quelles sont enfin vos occupations habituelles?

— Je répondrai brièvement, mais clairement à ces questions m'indiquant l'intérêt que vous portez à notre organisation et je m'efforcerai de vous édifier sur ce sujet de façon à ce que vous puissiez, tout à l'heure, entrer de plain-pied dans notre vie.

» Et d'abord, comment vous trouvez-vous, pour l'instant?

— Admirablement!

— Êtes-vous satisfait de ce système de locomotion?

— J'aurais mauvaise grâce à ne pas le trouver merveilleux, et à ne pas déclarer que l'unique regret de ma vieillesse sera de ne pouvoir, hélas, l'appliquer moi-même.

» Et vous, Ta-Lao-Yé, ma présence ne vous apporte-t-elle pas un surcroît de fatigue, ou tout au moins, de gêne?

— Nullement!

» Nous ignorons ce que vous appelez la fatigue, car le déploiement de notre force psychique est pour ainsi dire infini.

» Qu'est-ce donc, par conséquent, que l'adjonction de votre corps, noyé dans notre atmosphère nerveuse, au milieu de laquelle il ne pèse pas plus qu'un impalpable duvet.

» J'en reviens à votre question relative à la famille telle qu'elle est organisée chez vous.

» Nos ancêtres étaient polygames. Mais depuis cinq ou six mille ans la monogamie est d'usage constant parmi nous, bien qu'il n'y ait aucune loi relative au nombre des épouses que peut posséder chaque citoyen.

» Même liberté quant au lieu où se fixe chaque famille.

— Comment ! chaque couple ne possède pas en propre une maison où il se tient de préférence, où sont élevés les enfants et où sont groupés les esclaves affectés au service ?

— Oui et non.

» C'est-à-dire que les maisons sont la propriété de tous...

» Chacun choisit à sa convenance, s'installe, séjourne plus ou moins longtemps, et s'en va un beau jour au gré de ses besoins ou de sa fantaisie.

» Construites en porcelaine massive, elles sont à peu près indestructibles et servent à plusieurs séries de générations.

« Si leur nombre est insuffisant ou si elles viennent à se détériorer, les Mao-tchin les remplacent aussitôt.

— J'admets volontiers cette manière d'agir, analogue jusqu'à un certain point au système des hôtels meublés dont les Américains ont tant usé et abusé.

» Mais que deviennent vos Mao-tchin au milieu de tous ces changements ?

— Les Mao-tchin sont immuablement attachés à l'habitation et à une certaine étendue de terre environnant celle-ci.

» Ils doivent être à chaque instant, et pendant toute leur vie, à la disposition du maître, quel qu'il soit, tout en se livrant individuellement, ou par groupes, aux travaux nécessités par nos besoins matériels et les leurs.

» Quand quelqu'un parmi nous se déplace,

et vous jugez si les déplacements doivent être fréquents, il trouve toujours une maison, des esclaves, les éléments de sa nourriture — identique d'ailleurs, pour tous les adultes, quel que soit leur sexe.

— Avec un pareil système, vous devez vivre très peu en famille.

» Avez-vous même le temps de vous occuper de l'éducation de vos enfants ? »

Un nouveau rire s'échappa de la bouche des compagnons de Monsieur Synthèse, au moment où il formula cette réflexion sans doute inattendue ou singulière.

Ta-Lao-Yé reprit aussitôt après cet excès d'hilarité.

— Nous rions de tout cœur, et sans la moindre intention de vous froisser.

» Mais c'est que, voyez-vous, Né-Avant, nous ne pouvions supposer qu'il y eût au monde un homme susceptible de croire que nous, Cérébraux, nous élevons nous-mêmes nos enfants.

— Expliquez-vous, Grand-Vieux-Monsieur, répondit Monsieur Synthèse étonné d'avoir proféré une pareille énormité.

— C'est bien simple : nos enfants sont élevés en commun par les femmes des Mao-tchin qui leur donnent les aliments du jeune âge, leur prodiguent tous les soins nécessaires, pourvoient à tous les besoins de leur vie matérielle, jusqu'au moment où ils commencent à bégayer leurs premiers mots, à essayer leurs premiers pas, sur la terre, comme de simples Mao-tchin, — et cherchent à s'élever spontanément au-dessus du sol, comme leurs parents.

— Cela me semble, en somme, à peu près rationnel.

» Et ensuite ?

— Ils sont élevés en commun dans des édifices spéciaux, sous la surveillance et la responsabilité de femmes, pendant le jeune âge, puis d'hommes, quand ils sont plus grands.

— Ah ! Je vous attendais là, Grand-Vieux-Monsieur.

» Ces éducateurs de la jeunesse et de l'enfance, ne sont plus des Mao-tchin, n'est-ce pas.

— Non, mais bien des Cérébraux.

— Vous parliez tout à l'heure de l'égalité complète qui existe entre vous tous, gens de la caste supérieure...

» Vous me disiez que votre seule volonté servait de règle à votre vie...

» Comment conciliez vous cette indépendance absolue, avec le sédentarisme et même le servilisme résultant de ces fonctions... pédagogiques.

— Sédentarisme... soit.

» Mais sachez que sa durée est limitée.

» Nul ne peut d'ailleurs se soustraire à cette obligation, car nos lois ordonnent formellement à chaque citoyen de se consacrer à tour de rôle et gratuitement à l'éducation de la jeunesse.

» Quant au mot de servilisme, il n'a aucune raison d'être pour qualifier la fonction la plus noble, la plus élevée, à laquelle puissent se consacrer les pères de famille.

» Vous pensez bien que nul ne cherche à éviter cette obligation sacrée, et que nous sommes tous égaux devant le devoir.

— Je vous admire sincèrement, Ta-Lao-Yé, et je vous prie d'excuser mon erreur.

— Je n'ai pas à vous excuser, Shien-Chung, car vous êtes de bonne foi et vous n'avez aucune intention blessante.

» Votre réflexion me prouve seulement que de votre temps les hommes professaient sur ce sujet des idées bien inférieures.

— Mais, alors, il faut nécessairement que vous soyez pourvus, sans exception, d'une instruction complète...

— En avez-vous jamais douté?

» Apprenez, que tous, tant que nous sommes, nous possédons, à un certain âge, l'ensemble des conceptions humaines.

— Je serais bien désireux d'assister à une de vos séances... à un cours, comme nous disions jadis.

— Dans un moment.

» Nous allons, si vous le désirez, accélérer notre course de façon à franchir instantanément la distance qui nous sépare de la ville.

— Un dernier mot, je vous prie.

» Quand vous traversez ainsi l'espace, avec la rapidité de la lumière, est-ce qu'il ne se produit pas de collisions entre voyageurs ?

» Cette pensée seule me fait frémir pour vous.

— Pareil fait n'arrive jamais.

» Quand bien même deux corps devraient se rencontrer à travers les airs, sur la même ligne, il y aurait répulsion entre les atmosphères nerveuses qui les environnent, et glissement latéral, sans contact des deux organismes. »

Monsieur Synthèse allait répondre et peut-être élever quelque nouvelle objection, mais il n'en eut pas le temps.

Au moment où Ta-Lao-Yé prononçait ces derniers mots, le voyageur aérien sentit son corps comme comprimé légèrement, et des picotements analogues à ceux qu'il avait perçus lors de sa résurrection, se répercutèrent à tout son être.

Cela eut à peine la durée d'un éclair.

Puis il entendit la douce voix de Ta-Lao-Yé qui disait :

— Nous sommes arrivés.

CHAPITRE V

Revanche des races opprimées. — Une école. — Les écoliers dorment et n'en apprennent que mieux. — « Eveillez-vous ! » — L'hypnotisme et la suggestion aux temps préhistoriques. — Souvenir indélébile d'une seule audition. — Musée préhistorique. — Les étonnements de Monsieur Synthèse. — Un canon de cent tonnes, une plaque de blindage, une hélice — Les dieux de l'âge de fer. — Les hypo thèses de Ta-Lao-Yé relativement à ce sujet.

Le groupe aérien mit pied à terre au milieu d'une ville importante, sur une vaste place plantée de beaux arbres, et entourée de monuments d'aspect grandiose.

Monsieur Synthèse ayant manifesté à ses compagnons l'intention de faire quelques pas sur cette place, ceux-ci acquiescent volontiers à cette fantaisie bien naturelle de la part d'un homme dont les articulations sont engourdies par un sommeil de cent siècles.

Tout en marchant avec une lenteur pénible indiquant à première vue que cet exercice ne lui est plus, et pour cause, familier, Monsieur Synthèse monologue à voix basse.

— Ainsi, dit-il cette bourgade mystérieuse perdue là-bas en plein pays barbare, au bord de ce fleuve plus mystérieux encore, Tombouctou, à peine entrevue par nos contemporains, subsiste après les prodigieux remaniements de notre planète.

» Cette civilisation, dont nous étions si orgueilleux, a disparu sans presque laisser de traces, l'axe du monde s'est en quelque sorte déplacé. Les mers et les continents ont été bouleversés, les races se sont modifiées, l'essence même d'une partie de l'humanité a été changée au point de devenir méconnaissable, et ces trois syllabes absurdes Tom... bouc... tou !... ont survécu.

» Et non seulement l'appellation existe encore, mais sur l'emplacement de misérables huttes où s'abritait une population sauvage, s'élève aujourd'hui une cité magnifique devenue un des foyers de la civilisation contemporaine.

» Paris... Londres... Berlin... Rome... Pétersbourg... ne sont même plus ce qu'étaient de mon temps Babylone, Thèbes ou Ninive, les cités disparues, mais encore vivantes au moins comme souvenir !...

» Rien ne subsiste de ce qui faisait notre orgueil et notre gloire !... même pas des ruines anonymes comme celles de l'Inde, du Cambodge, du Mexique ou de Java !... Rien !..

» Et Tombouctou, devenu Chinois, resplendit au soleil d'Afrique!... là où se trouvait le désert, s'épanouissent les merveilles d'une flore exubérante.

» Et je vois mes congénères, les blancs de race pure, abêtis, dégradés, réduits en esclavage, sur cette terre qui fut par excellence le pays maudit de la servitude! »

La douce voix de Ta-Lao-Yé vint interrompre ces pénibles réflexions.

— Vous m'avez, dit le vieillard, témoigné le désir d'assister à une séance d'éducation.

» Voici une de nos écoles : un grand nombre d'enfants sont réunis en ce moment; venez entendre ce que professe un père de famille aux jeunes représentants de la génération future. »

Monsieur Synthèse acquiesce d'un signe de tête, et se dirige avec ses compagnons vers un vaste monument, silencieux comme un tombeau.

Ils pénètrent de plain-pied dans une salle immense construite en amphithéâtre, sur les gradins duquel se tiennent des centaines d'enfants immobiles que l'on croirait changés en statues.

— C'est étrange, en vérité, ne peut s'empêcher de dire Monsieur Synthèse, comme ces petits Cérébraux sont peu loquaces.

» Je ne les vois faire aucun geste, je n'entends pas le moindre murmure...

» Quelle discipline de fer ces pères de famille imposent-ils donc à leur progéniture ?

— Rassurez-vous, Shien-Chung, répond à l'oreille de son nouvel ami Ta-Lao-Yé d'une voix basse comme un souffle.

» Nos enfants ne connaissent pas la contrainte et ignorent ce que vous appelez la discipline.

— Cependant, cette immobilité, ce silence pénible, cette espèce de contraction de tous ces petits corps qui semblent en catalapsie...

— Encore une fois, rassurez-vous.

» Apprenez seulement que tous ces enfants sont endormis.

— Endormis... à l'école !...

» Endormis pendant que le maître parle !

— Sans doute.

» Instruire nos enfants pendant leur sommeil est même le seul procédé employé par nous pour fixer dans leur cerveau, d'une manière indélébile, et sans la moindre fatigue, les sciences les plus ardues.

» Mais veuillez écouter ce que dit le maître. »

Celui-ci parle très doucement, comme tous ses congénères, mais avec une volubilité excessive, comme s'il voulait dire le plus possible dans le temps le plus court.

Il fait un signe amical à Ta-Lao-Yé, ainsi qu'à ses compagnons, regarde d'un air étonné Monsieur Synthèse et semble un moment se demander ce que ce Mao-tchin à la longue barbe grise, broussailleuse, à la taille de géant, aux habits extraordinaires peut bien faire avec ces Cérébraux qui lui témoignent une déférence inusitée.

Ne fût-ce que le fait de violer les prohibitions séculaires concernant l'exclusion absolue des Mao-tchin de tout lieu réservé à l'enseignement, on conçoit qu'il y ait là, pour le pédagogue, un motif de stupéfaction naturelle.

Après un moment d'hésitation, il n'en continue pas moins sa leçon sur un geste de Ta-Lao-Yé, en s'adressant à ses jeunes auditeurs dont nul n'a sourcillé.

Cette leçon est un entretien familier sur la cosmographie, et Monsieur Synthèse, qui a peine à saisir les paroles du professeur, eu égard à la rapidité de son débit et à la faiblesse de son organe, comprend vaguement qu'il s'agit des planètes appartenant à notre système solaire.

Il est, pour l'instant, question de Mars. Le professeur parle de ses habitants, de ses productions, de sa configuration physique, de son histoire, des progrès accomplis dans les arts, dans les sciences, dans l'industrie. Tout cela est expliqué, détaillé, commenté avec une telle surabondance et une telle précision, que Monsieur Synthèse s'imaginerait volontiers que la leçon a pour objet une contrée quelconque de notre globe.

Quelque persuadé qu'il soit des merveilles enfantées par l'humanité pendant cette énorme succession d'années, il a peine à croire que les Cérébraux puissent être parfaitement édifiés non seulement sur la configuration de la planète, mais encore sur sa vie intime, comme si l'espace infranchissable représenté par une moyenne de soixante-dix-sept millions de lieues n'existait pas pour eux.

Mais le fait est là, patent, indéniable.

Ta-Lao-Yé, qui n'est pas un mystificateur, s'engage à en fournir la preuve à son hôte, en le faisant assister prochainement aux communications échangées entre la Terre et sa voisine.

— Est-ce que ce sera bientôt? demande Monsieur Synthèse avec une sorte de précipitation fiévreuse dont il n'est pas le maître.

— Il me paraît au moins utile d'attendre la nuit, répond le bonhomme en souriant malignement.

— C'est juste, dit Monsieur Synthèse un

peu confus de cette hâte incompatible avec son âge, mais excusable pourtant en faveur du motif qui l'occasionne.

— Laissez-moi faire, continue Ta-Lao-Yé.

» Je me suis constitué votre guide à travers ce monde si nouveau pour vous, et je vous donnerai pleine satisfaction.

» J'ai tracé tout à l'heure un plan d'ensemble ; je vous engage à le suivre méthodiquement, de façon à ne pas courir d'une chose à une autre, et à nous embrouiller en voulant tout voir en même temps.

» Vous prendrez de la sorte un aperçu de notre monde, et plus tard, si vous le désirez, vous étudierez plus spécialement tel ou tel sujet qui aura plus d'attrait pour vous.

» Pour l'instant, nous effleurons tout sans rien approfondir.

— Votre raisonnement, Ta-Lao-Yé, es

celui d'un sage et je souscris avec reconnaissance à votre projet.

» Nous sommes présentement à l'école, restons-y.

» Je ne suis plus bon, hélas ! qu'à faire un écolier, et le professeur qui enseigne à ces enfants cette cosmographie stupéfiante pour moi, n'aura pas souvent, j'imagine, un élève de quatre-vingts ans, à peine éveillé d'un sommeil de cent siècles. »

Mais la leçon est terminée. La durée des cours est généralement très brève, les Cérébraux tenant, en bons hygiénistes, à éviter le surmenage intellectuel.

Le maître a interrompu son débit, et prononcé ces simples mots :

— Eveillez-vous !

Et aussitôt des cris joyeux partent de tous les points de l'amphithéâtre, qui offre bientôt le spectacle d'une bousculade inénarrable.

C'est un véritable changement à vue.

Les écoliers, un instant auparavant rigides et immobiles comme des statues, se lèvent tumultueusement de leurs bancs, partent en l'air comme des ballons captifs dont on aurait coupé la ficelle, vont, viennent, se poussent, se tirent, cabriolent, s'élancent sur le sol, rebondissent, s'arrêtent un moment interdits à l'aspect de l'étranger qui contemple en souriant leurs ébats, puis s'échappent par l'immense porte, comme une volée de moineaux.

La salle est vide en un clin d'œil, et il ne reste plus dans l'hémicycle, que le professeur, Ta-Lao-Yé, M. Synthèse, et leurs quatre compagnons.

— Eh bien, Shien-Chung, demande en souriant le Grand-Vieux-Monsieur, que pensez-vous de notre façon d'instruire l'enfance, et d'obtenir d'elle, sans aucune fatigue, l'attention la plus complète, et le souvenir impérissable de la chose enseignée ?

— Je pense... Je pense que j'ai découvert votre procédé.

— C'est impossible, Né-Avant.

» Quel que soit votre savoir, quelle qu'ait été votre prétendue civilisation, je ne puis admettre chez vos contemporains la connaissance du principe sur lequel est édifié notre système.

— Il est bien simple, pourtant, et on en a fait un usage raisonné dans la seconde moitié du dix-neuvième siècle.

» Je m'explique.

» Quand vos enfants, grands ou petits, arrivent à l'école, ils se mettent en place, puis, le maître leur dit simplement : « Dormez ! »

» Comme ils sont tous entraînés vraisemblablement dès le premier âge, ils s'endorment aussitôt, ou plutôt tombent dans une sorte de sommeil qui n'est pas le sommeil physiologique, mais un état particulier de l'esprit et du corps, pendant lequel esprit et corps demeurent dans la dépendance absolue de l'homme qui a dit : Dormez !

» Est-ce bien cela ?

— C'est bien cela, répond Ta-Lao-Yé tout étonné.

» Veuillez continuer, je vous prie.

— Les enfants, tenus ainsi dans la dépendance du maître, il s'établit entre eux une sorte de courant dont ceux-ci subissent l'influence aussi longtemps que durera cet état.

» Que fait le maître ?

» Il se contente de lire, ou de réciter une seule fois la matière qui fait l'objet de l'enseignement ; les auditeurs, soustraits à toute influence étrangère, se trouvant dans les meilleures conditions possibles d'adaptation, ne laissent pas perdre un seul mot de l'entretien.

» Le voudraient-ils d'ailleurs, ils ne le pourraient pas.

» Leur cerveau, quoi qu'ils fassent, se trouve à leur insu imprégné par le mot et l'idée qu'il représente.

» Ceci, du reste, n'est que le travail préparatoire.

» L'entretien terminé, *le maître suggère à tous ses élèves l'idée de se souvenir quand ils seront éveillés*, de tout ce qu'ils ont entendu pendant la leçon, et ils se souviennent pour la vie.

» Ce procédé, merveilleux de simplicité, offre des avantages inappréciables, en ce qu'il soustrait ces jeunes cerveaux à un travail horriblement pénible qui consiste à emmagasiner lentement par force, pour ainsi dire, l'ensemble des connaissances humaines.

» Tandis qu'en s'imprégnant automatiquement, inconsciemment, et en quelques instants d'une façon indélébile, de tous ces éléments divers, ils deviennent bien vite de véritables encyclopédies.

» Bref, ils ne peuvent pas ne pas apprendre et ne pas se souvenir.

» Ces phénomènes qui semblent devenus, comme d'ailleurs la lévitation, partie intégrante de votre vie, étaient connus de mon temps sous le nom d'hypnotisme et de suggestion.

» J'en ai fait moi-même une étude approfondie, au point que pendant plus de trente ans j'étais arrivé à remplacer le sommeil physiologique par l'hypnotisme provoqué à volonté par moi-même.

— Cependant, Shien-Chung, cette découverte est relativement récente, puisque nos plus anciens livres qui remontent à plus de sept mille ans, n'en font pas mention.

» Si mes souvenirs sont bien précis, elle date seulement de quatre mille ans.

— Qu'y aurait-il d'étonnant à cela !

» Est-ce la première fois qu'une connaissance lentement acquise par les hommes, après être tombée pendant de longues années dans un oubli complet, a été retrouvée par de nouvelles générations et inscrite, au bilan des contemporains, comme une chose absolument neuve!

— C'est vrai, reprit après une longue pause Ta-Lao-Yé devenu tout songeur, en pensant que chez les Mao-tchin préhistoriques il y avait des hommes remarquables au point de tenir — lévitation à part — un rang des plus éminents parmi les représentants actuels de la race humaine.

— Quoi qu'il en soit, continua M. Synthèse, vous avez merveilleusement simplifié le système d'enseignement, en procédant de façon à supprimer le travail de lente assimilation, en le remplaçant par cette espèce d'imprégnation, de transfusion immédiate, qui, à cette instantanéité, joint un caractère d'indélébilité absolue.

» Vos enfants sachant tout ce qui s'enseigne sans avoir eu besoin d'étudier, n'ont plus, de la sorte, qu'à choisir plus tard, selon leurs goûts ou leurs aptitudes, la spécialité à laquelle ils veulent dorénavant se consacrer.

» Mais, dites-moi, Ta-Lao-Yé, cet enseignement, excellent en principe, me paraît cependant avoir un côté faible.

» Est-ce qu'il s'adresse au seul entendement, à l'exclusion formelle de la vision ?

— Que dites-vous là, Shien-Chung !

» Ce que vous venez de voir n'est au contraire qu'une très insignifiante partie de notre méthode.

» Bien loin d'être borné à l'audition, notre enseignement se complète par des séries de démonstrations qui parlent très éloquemment à la vue.

» Ainsi, nous possédons d'admirables collections renfermant, autant que possible, tous les objets ou la représentation des objets ayant été ou devant être pris pour sujet de l'enseignement oral.

» Chaque élève mis à tour de rôle en présence de cet objet doit répéter la leçon, et au besoin la commenter.

— A la bonne heure et je n'attendais pas moins de vous.

» Mais, dites-moi, me serait-il possible de visiter ces collections qui doivent être de véritables musées ?

— De véritables musées, vous l'avez dit.

» La chose est d'autant plus facile qu'ils sont à la disposition du public.

» Tiens !... une idée !

» Voulez-vous commencer par visiter cette partie de notre musée national de Tombouctou... là où sont de préférence réunies les collections préhistoriques... d'inestimables trésors péniblement amassés depuis de longues années, et dont sont quelque peu jalouses les capitales des provinces du Centre et de l'Orient.

» Peut-être trouverez-vous là des débris contemporains de votre époque.

— Avec le plus grand plaisir, Ta-Lao-Yé.

— Venez, les galeries préhistoriques se trouvent tout près, de l'autre côté de ces bâtiments composant notre université, et qui sont plus spécialement affectés à l'enseignement oral. »

En quelques pas, M. Synthèse débouche dans une cour carrée, mesurant à peine vingt-cinq mètres de côté, où sont rangés, en plein air, une multitude d'objets disparates dont il ne soupçonne même pas l'usage, et sur lesquels il jette un coup d'œil distrait.

Puis il pénètre dans une salle immense, entièrement construite en porcelaine, mais couverte en verre, et dans laquelle pénètrent par conséquent des flots de lumière.

Il s'arrête bientôt devant une masse légèrement tronconique, profondément érodée par la rouille, percée intérieurement d'une ouverture circulaire et munie à sa partie moyenne de deux tenons symétriques.

— Ma parole ! c'est un canon !...

» Un de ces engins monstrueux, pesant près de cent tonnes, et tels qu'en fabriquèrent, à la fin du dix-neuvième siècle, les grands entrepreneurs de tuerie.

» Je serais curieux de savoir d'où il vient,

et quelle destination peuvent bien lui donner mes nouveaux amis.

» Décidément, c'est chose intéressante que de survivre à son siècle ! »

Les Cérébraux gardent le silence pendant que M. Synthèse jette de droite à gauche de rapides regards.

Il aperçoit des rails de chemin de fer assez bien conservés, car nonobstant l'enduit de rouille et les érosions produites par le temps, on peut en reconnaître la forme caractéristique.

Puis une plaque enlevée au blindage d'un cuirassé, et dont les angles sont rongés, usés, déprimés probablement par un long séjour dans l'eau de mer, puis quelques boulets ronds, de l'ancien calibre 36, puis des obus américains du système Withworth, très longs, très petits de calibre, rangés symétriquement au nombre d'une douzaine autour des boulets ronds.

C'est encore un fragment de l'arbre de couche d'un vapeur, une hélice de bronze, une roue pleine en fer, probablement une roue de wagon, et une innombrable série de débris sans forme comme sans nom, soigneusement rangés, étiquetés, immatriculés, catalogués, que M. Synthèse se réserve d'examiner ultérieurement.

Pour l'instant, il n'envisage au milieu de ce bric-à-brac inénarrable, que les objets ci-dessus mentionnés.

Il va parler, décrire à ses compagnons ces instruments dont ils ne connaissent peut-être pas rigoureusement l'usage, quand il s'arrête stupéfait, devant des tableaux explicatifs accrochés au-dessus de chaque débris.

Ces tableaux sont de superbes gravures dont l'exécution fait plus d'honneur aux artistes qui les ont exécutés, qu'à ceux qui les ont inspirés.

Ils sont censés représenter les engins tels qu'ils étaient alors que les ancêtres préhistoriques en faisaient usage. Il est bon de dire : censés, car cette tentative de restauration est absolument inouïe, et M. Synthèse, qui ne rit jamais, se tient à quatre pour ne pas éclater.

Le bon Ta-Lao-Yé, se méprenant sur le silence de Shien-Chung, vient obligeamment à son secours et se met en devoir de lui « expliquer l'explication », qui peut-être manque de clarté pour lui.

— Nous voici, comme vous pouvez le voir, en pleine époque du fer, postérieure, je le crois, de plusieurs siècles au vôtre.

» Du reste, je n'affirme rien, car nos livres sont muets à ce sujet, et les documents datant de la conquête ont malheureusement été anéantis par nos ancêtres. »

M. Synthèse fait un signe poli d'acquiescement, et ne répond pas.

— Voici, continue le Grand-Vieux-Monsieur, une scène de la préhistoire telle que nous l'ont inspirée ces longues et lourdes tiges de métal, dit-il en désignant deux rails de chemins de fer encore jumelées par trois traverses de fer.

» Ces deux tiges parallèles ont dû certainement servir de traîneaux à vos congénères les Mao-tchin, pour évoluer en nombre, et avec une lourde charge, sur les glaces hyperboréennes.

» Voyez comme ce renflement qui existe sur toute la partie inférieure est bien conçu pour glisser sans effort sur la place, avec une traction médiocre.

» Sur cette charpente de fer formant des patins indestructibles, les Mao-tchin élevaient de véritables constructions qu'ils pouvaient déplacer à volonté en les faisant traîner par les rennes, comme ils le font encore aujourd'hui, à partir du 50° degré de latitude nord.

» Les patins de leurs traîneaux sont analogues à ceux-ci, mais ils sont en bois. Les Mao-tchin contemporains, étant peu à peu retournés à la barbarie, ne savent plus travailler les métaux comme leurs ancêtres.

» La scène figurée sur ce tableau représente, par analogie, un convoi de Mao-tchin anciens, émigrant sur leur traîneau garni de ces poutrelles de fer.

» L'artiste n'a eu pour ainsi dire qu'à copier d'après les Mao-tchin sauvages qui s'entêtent jusqu'à présent à végéter sur leur glace éternelle.

» Que pensez-vous de cette reconstitution, Shien-Chung?

— Je la trouve très ingénieuse, répond M. Synthèse qui a repris toute sa gravité. »

Puis il ajoute en aparté :

— Voyons un peu ce que ce diable d'homme va faire de ces obus Withworth et de ces boulets pleins dont les Américains ont repris, en certains cas, l'usage vers 1878. »

Comme s'il eût deviné l'intention de M. Synthèse, Ta-Lao Yé reprend de son même ton solennel, indiquant l'homme sûr de son fait :

— Vous voyez ces tiges cylindro-ogivales — il y en a douze, notez bien ce détail, — et ces quatre boules en fer plein.

» Veuillez examiner maintenant le tableau explicatif.

» Qu'apercevez-vous ?

— Des hommes, des Mao-tchin jouant aux quilles.

— C'est bien cela.

» Depuis les temps les plus reculés, nos esclaves ont une véritable passion pour un jeu très simple, et bien en rapport avec leur débilité intellectuelle

» Ils prennent pour cela douze morceaux de bois, grossièrement façonnés en tronc de cône, et s'amusent à les abattre avec une boule également en bois.

» Le gagnant est celui qui en abat le plus.

» Ils sont généralement quatre partenaires... Notez bien cette particularité : quatre !

» Or, dans des fouilles dont le procès-verbal est conservé aux archives de notre université, on trouva, dans une caisse métallique, les douze objets en fer que vous voyez rangés devant vous.

» Vous entendez bien : douze !

» Puis, quelque temps après, et dans la même région, les quatre sphères de fer, réservées aux quatre partenaires.

» N'est-il pas évident, pour vous comme pour moi, comme pour tout homme de bon sens, que les hommes de l'âge de fer, n'ayant peut-être même pas de bois à leur usage, ont dû faire servir ces engins à ce jeu dont la tradition s'est conservée jusqu'à nos jours.

» L'analogie est frappante.

» Telle est la scène représentée au tableau, de façon à établir aux yeux de nos enfants les rapports extraordinaires qui relient au présent le passé séculaire.

» Rien d'intéressant, n'est-ce pas, comme la restauration de ces époques lointaines sur lesquelles sont muettes les légendes, et qui revivent ainsi sous nos yeux, au moyen d'hypothèses aussi ingénieuses que probantes.

— Très ingénieuses... très probantes... répète comme un écho Monsieur Synthèse impassible.

— Quant à cet énorme bloc de fer, reprend, en indiquant la plaque de blindage, Ta-Lao-Yé qui ne saurait pressentir dans la réflexion de Monsieur Synthèse la moindre trace d'ironie, tout semble nous démontrer jusqu'à présent qu'il servait à des sacrifices.

» Il est, ou du moins il était quadrangulaire avant ces érosions qui en ont altéré les lignes.

» Les deux faces sont parfaitement planes et parallèles, et son épaisseur très considérable éloigne toute idée d'un engin industriel.

» Il devait être en effet d'un déplacement très pénible, eu égard aux difficultés qu'éprouvaient à manœuvrer des corps aussi pesants, les hommes préhistoriques, auxquels manquait la force dont nous disposons.

— Et pourquoi, demanda Monsieur Synthèse, en faites-vous un autel sacrificatoire ?

— Son poids, sa forme, le métal qui le compose, tout nous le donne à le supposer.

» Qu'y avait-il d'étonnant à ce que les hommes de l'âge de fer aient mis en usage, et préférablement à tout autre, ce métal caractéristique de leur époque, pour offrir des victimes à leurs idoles ?

— Mais encore avez-vous quelques données sur ces divinités de la préhistoire ?

— Ce monstre de métal, dit Ta-Lao-Yé en

montrant le canon debout sur sa culasse profondément corrodée.

» Il est très difficile d'en reconnaître la forme primitive, tant les ravages du temps l'ont altérée.

— Mais, pourtant, malgré toute la bonne volonté imaginable, il est impossible de rencontrer dans cet... objet, une apparence humaine ?

— Qui vous dit que les préhistoriques aient prétendu donner au Dieu du fer la forme d'un corps humain ?

» Je crois plutôt à un symbole créé d'après les rites...

— Pourquoi l'avoir creusé intérieurement ?

— Sans doute pour qu'il soit moins lourd à dresser...

» Peut-être pour y introduire des substances particulières...

» Nous sommes encore réduits aux conjectures

» On ne saurait se faire une idée des difficultés présentées par cette étude où les documents précis manquent à chaque instant, et dans laquelle il faut progresser avec une lenteur infinie, sous peine de proférer des énormités.

» Donc, je conclus, sauf erreur ultérieurement reconnue :

» Cette table de fer, cette sorte de colonne creuse, également en fer, trouvées en même lieu, au nord de notre province, et profondément enfouies dans des sables peut-être recouverts dans la suite par la mer, sont des objets du culte de l'âge de fer.

» Et je vous ferai observer, à ce propos, la singulière tendance des hommes de cet époque à faire grand, en dépit de la faiblesse et de l'imperfection de leurs moyens.

« Mettez en présence de ces lourdes masses, nos Mao-tchin restés sensiblement pareils à leurs ancêtres, jamais ils n'arriveront à les mouvoir, en dépit de tous les plus énergiques efforts.

» L'esprit n'est-il pas stupéfait, en voyant ces hommes réduits à leurs seules forces, travailler et dresser de pareils colosses ?

— La reconstitution de la scène du sacrifice, telle que l'a figurée votre artiste me semble très réussie, interrompt M. Synthèse de plus en plus imperturbable.

» Ma parole, c'est un holocauste humain !

— L'énorme quantité de squelettes entassés dans les sables, autour de ces objets, donne la plus grande vraisemblance à cette hypothèse.

» Pourquoi ces ossements ne seraient-ils

pas ceux des victimes offertes au monstre de métal?

— C'est juste.

— Peut-être ai-je tort d'être aussi affirmatif, car le sol a certainement été l'objet de nombreux et considérables remaniements.

» Je n'en veux pour preuve que la présence de cette croix de bronze, — il montrait l'hélice, — trouvée au milieu de ces objets appartenant manifestement à une autre époque.

— Et pourquoi, Grand-Vieux-Monsieur?

— Parce que tout semble démentir la simultanéité de l'âge du fer et de l'âge du bronze.

» Cependant, la croix de bronze se trouvait non loin de la table et de la colonne de fer !

» Là encore, notre incertitude est grande :

» Pourquoi une croix ?...

» Pourquoi cette torsion de droite à gauche des branches?

» Il y aurait cinq ou six de ces branches, on pourrait supposer que les Mao-tchin ont voulu figurer une étoile.

— Que faites-vous, dit M. de Synthèse en désignant l'arbre de couche, de cette immense tige de fer qui a conservé, en dépit du temps, sa forme cylindrique ?

— Elle est restée ici, dans la galerie du fer, bien qu'elle dût, à mon avis, être placée dans une autre galerie où se trouvent les poteries et généralement les objets en terre.

— Je vous serais reconnaissant de vouloir bien me donner la raison de cette apparente contradiction.

— Venez, je vous prie, dans cette galerie ; vous comprendrez aussitôt. »

Le groupe de visiteurs, vivement intéressé par cette causerie familière, se rend aussitôt à l'endroit indiqué, et M. Synthèse, qui s'est promis de ne s'étonner de rien, aperçoit, allongée sur le sol... une longue et mince cheminée d'usine en briques...

La cheminée est rompue en plusieurs morceaux, mais tous les fragments ont été soigneusement juxtaposés, de façon à conserver au monument sa configuration.

— Ceci, reprend Ta-Lao-Yé, doit certainement vous représenter une portion de canal souterrain, d'aqueduc, dans lequel les Mao-tchin faisaient arriver d'un point à un autre leurs eaux potables.

» Le canal, qui a peu souffert, semble romonter à une époque très éloignée, contemporaine de l'âge du fer.

» On l'a trouvé dans des terrains d'alluvion, avec de vagues débris d'habitation très profondément enfouis dans le sol.

— Mais la tige de fer... dit M. Synthèse en voulant parler de l'arbre de couche.

— Elle est exactement du calibre de la cavité ménagée dans l'aqueduc en brique.

» Nous supposons qu'elle a pu servir de moule aux ouvriers qui ont donné cette forme si rigoureusement circulaire au canal intérieur...

» ...Que pensez-vous de tout cela, Shien-Chung ?

» Nos déductions vous semblent-elles concluantes, et croyez-vous, de bonne foi, que nos tentatives de restauration méritent l'approbation des véritables savants?

— Je pense que les études préhistoriques sont éminemment attrayantes et qu'elles surabondent en surprises. »

CHAPITRE VI

Organisation sociale. — Les mères de famille. — Compression des cerveaux. — Au milieu de la nuit. — La plaine qui devient alternativement et instantanément blanche, puis noire. — Procédé très simple, mais bizarre. — Télégraphie optique. — Cinq cent mille hommes occupés à tourner et à retourner des toiles. — Pourquoi pas des signaux lumineux ? —La numération servant à établir les signaux.

Il fait nuit. L'atmosphère est d'une admirable limpidité. Pas le plus petit nuage, pas la moindre trace de brume. Sur le bleu sombre du firmament les astres luisent avec un incomparable éclat.

Une véritable nuit de poètes et... d'astronomes.

M. Synthèse, lesté d'un festin aussi varié que scientifique, digère ou plutôt assimile les substances qu'il vient d'absorber en homme auquel un jeûne de dix mille ans a servi d'apéritif.

Ses aimables compagnons, bien restaurés aussi, se préparèrent à un voyage dont le but fait trépigner de hâte le vieux savant suédois.

— Patience ! Shien-Chung, répète pour la dixième fois Ta-Lao-Yé.

» Vous connaissez la stupéfiante vélocité de notre course... à quoi bon partir maintenant pour arriver là-bas trop tôt.

» Il n'est pas temps encore.

» Causons en attendant, si vous voulez.

— Soit ! causons.

» Permettez-moi, tout d'abord, de vous observer une particularité qui m'a beaucoup frappé, quoique j'aie seulement passé une journée avec vous.

» Je viens de voir une ville populeuse, Tombouctou, et je n'y remarque aucune trace de commerce ou d'industrie.

» Voilà qui me confond, étant donné que je me suis endormi à une époque de négoce et d'industrialisme à outrance.

— A quoi bon spéculer et trafiquer!

» Pouvons-nous augmenter notre somme de bien-être, puisque nous possédons un nécessaire qui n'a nul besoin de superflu.

» Nos besoins matériels sont réduits au minimum... et la gourmandise est un vice inconnu chez nous.

» Notre climat tempéré n'est sujet à aucune variation et nous n'avons nullement à nous préoccuper des saisons.

» Nos vêtements simples, amples, commodes, sont adaptés à nos commodités et à notre conformation...

» Leur mode invariable est passée dans les mœurs, après des lois somptuaires qui, je dois le dire, ont été en vigueur pendant de longues années.

— Mais encore faut-il fabriquer ces vêtements et produire vos aliments.

— Les Mao-tchin sont tisserands ; quant à notre nourriture, il suffit de quelques laboratoires où nous travaillons à tour de rôle... comme à l'école.

— Les substances alimentaires peuvent ne pas se trouver à votre portée.

— Mais elles sont dans le voisinage des laboratoires, agencés d'ailleurs pour produire sans interruption.

» Quant à l'approvisionnement général, vous semblez ignorer que chaque homme peut, en un clin d'œil, transporter chez lui sa subsistance pour un temps indéterminé.

— C'est juste!

» J'oublie toujours cette merveilleuse faculté qui vous confère un véritable don d'ubiquité.

— Nous n'avons point, en conséquence, à nous préoccuper des moyens de communication qui étaient, pour nos ancêtres, une question essentielle.

» Au lieu de faire venir à nous les éléments, nous allons à eux, où et quand bon nous semble.

» L'instantanéité de nos évolutions, notre force psychique dont le développement est presque infini, nous permettent de réaliser ce que les autres hommes cherchèrent si longtemps et si péniblement.

» D'autre part, la terre habitable se bornant à une zone circulaire et non interrompue qui suit à peu près les tropiques, les productions sont à peu près identiques.

» Il est donc inutile de transporter ici ou là telle ou telle substance que nous sommes certain de trouver partout.

— Cependant, vous travaillez intellectuellement.

— Enormément, mais d'une façon pour ainsi dire inconsciente.

» Nous vivons surtout par la pensée... La pensée seule, qui nous procure des joies indicibles.

» N'allez pas croire cependant que nous nous enfermons en en nous-mêmes, que nous nous absorbons comme autrefois les illuminés auxquels suffisait cet le contemplation intime... une espèce d'hypnotisme permanent.

» Nous sommes au contraire en échange continuel d'idées.

» Notre esprit est toujours en mouvement comme notre corps; et de même que nous mettons en commun toutes nos ressources mutuelles, de même aussi nous échangeons nos idées, nos découvertes, les résultats de nos travaux ainsi utilisés au profit de tous.

» Grâce à cette organisation sociale, qui en restreignant nos besoins nous permet de vivre sans la pensée même d'une préoccupation, nous pouvons nous consacrer entièrement à la science que nous envisageons sous ses innombrables aspects, et que nous assimilons dans toutes ses manifestations.

» Voyez-vous, Shien-Chung, nous sommes réellement, par rapport à vous, une race à part qui, comme je vous le disais tout à l'heure, poursuit depuis de longues années une œuvre de « dématérialisation ».

» Où cela nous mènera-t-il, je n'en sais rien... peut-être dans quelques centaines de mille ans à la spiritualisation absolue.

» Pour le présent, vous remarquez qu'aux fièvres d'antan a succédé un calme complet..

» Plus de luttes, plus de compétitions, plus de rudes travaux, plus de soucis... L'humanité unifiée se repose !

— Vous êtes véritablement heureux, Ta-Lao-Yé.

» La vie ainsi réalisée doit être certainement l'idéal du bonheur.

» Mais à propos, permettez-moi une dernière réflexion relative à votre état social.

» Comment comprenez-vous la famille ?

» J'ai vu vos enfants à l'école, et j'ai applaudi sincèrement à vos procédés d'éducation.

» Et leurs mères... vos femmes?

— La situation de la femme est, chez nous, depuis longtemps définie.

» La femme est en tout et pour tout notre égale.

» Elle jouit de tous nos droits, de toutes nos prérogatives et partage, le cas échéant, toutes nos responsabilités.

» Je dois vous confesser cependant que cette unification ne s'est pas opérée sans luttes.

» L'histoire nous apprend que jadis, au temps où, sous l'influence des causes multiples qui ont modifié notre race, nos cerveaux commençaient à prédominer, les femmes, plus nerveuses, moins équilibrées, moins raisonnables — excusez la banalité du mot — mirent l'humanité en péril.

» Non contentes d'aspirer à devenir nos égales, elles prétendaient à la maîtrise complète, à la domination absolue.

» Chaque famille devenait un enfer... la vie intime était en général atroce.

» Soit que les éléments cérébraux manquassent de coordination, soit que le système nerveux exaspéré fût hors de proportion avec l'organisme féminin, soit pour tout autre motif que nos ancêtres n'ont pu approfondir, les hommes eurent à passer une période terrible.

» C'est au point que les législateurs, à bout d'arguments et de pénalités, décrétèrent que, dès le bas âge, on tenterait d'empêcher, au moyen d'une compression méthodique de la boîte cranienne, l'accroissement de la masse cérébrale chez tous les enfants du sexe féminin. »

— Vous alliez faire de toutes vos femmes des microcéphales, des idiotes.

— Mieux valait encore des idiotes que les monstres qui tyranisaient nos pères, au point de les faire tomber dans la folie furieuse.

— Comprimer des têtes pour annihiler la pensée, voilà qui est bien chinois ! interrompit M. Synthèse.

» Tiens ! à propos, cette pratique, à laquelle je ne puis refuser un brevet d'originalité, a eu son pendant jadis, avant le grand exode de la race mongolique.

» Savez-vous que vos ancêtres, ces hommes éminemment pratiques, comprimaient au point de les atrophier complètement, les pieds de leurs filles, qui de la sorte, demeuraient forcément à la maison ?

— Nous le savons, et nos pères ne l'ignoraient pas.

» C'est même cette coutume qui, je crois, a suggéré à nos législateurs de combattre, par un moyen analogue, l'hypertrophie cérébrale.

— Et ce moyen héroïque a-t-il au moins réussi ?

— Admirablement!

» L'accroissement du cerveau fut arrêté net chez la femme pendant une période assez longue.

» Les hommes profitèrent de ce répit : ils virent s'accroître d'autant leur cerveau, vécurent tranquilles et établirent sans conteste leur domination.

» Quand ils eurent ainsi pris une avance notable, les législateurs levèrent l'interdit après plusieurs générations. Les cerveaux féminins recommencèrent à s'accroître; mais les hommes, plus avancés, conservèrent leur distance, tout en dirigeant avec douceur, mais avec fermeté, l'esprit de leurs compagnes.

» Celles-ci se laissèrent aller sans résistance, elles furent domptées pour ainsi dire, et quand plus tard elles arrivèrent au même degré de progression encéphalique, elles ne différaient plus moralement des hommes qui les avaient éduquées.

» Ainsi finit cette révolution sociale qui pouvait amener non seulement la prédominance de la femme sur l'homme, mais encore la mise en esclavage, l'abâtardissement de ce dernier.

» Mais, il est temps de partir et de nous diriger vers le lieu où s'opèrent présentement les communications entre Mars et la Terre.

» J'ai attendu au dernier moment parce qu'il fait nuit, afin d'opérer instantanément notre voyage sans vous laisser le moindre regret, puisque l'obscurité nous empêche de rien voir sur notre passage.

» Quant à vous, mes amis, veuillez vous grouper comme précédemment autour de Schien-Chung, de façon à l'envelopper du faisceau de nos forces réunies.

» Nous partons! Né-Avant!

» ...Et nous arrivons! dit-il quelques instants après.

— Où sommes-nous? demande M. Synthèse, légèrement étourdi, les tempes un peu comprimées, la poitrine haletante.

— A une jolie hauteur, pour vous permettre d'embrasser dans son ensemble la série de manœuvres très simples en somme, grâce auxquelles s'opère cette conversation entre des planètes.

— C'est donc pour cela que je ressens dans la respiration cette gêne que j'attribue à la raréfaction de l'air.

— Voulez-vous descendre un peu ?

» Nous sommes, quant à nous, tellement habitués à ces incursions aux extrêmes limites de l'atmosphère, que nous souffrons infiniment moins de cette diminution des éléments respiratoires.

— Merci ! nous aviserons tout à l'heure si

cette dyspnée devient par trop intolérable.

— Que voyez-vous au-dessous de vous ?

— Grâce à la clarté produite par la lune, qui vient d'apparaître à l'horizon, j'aperçois une vaste plaine blanche... mais blanche comme si elle était couverte de neige.

— L'illusion est, en effet, presque complète.

» Et pourtant, ce n'est pas de la neige, mais bien du tissu blanc.

— Vous dites du tissu ! interrompit M. Synthèse interloqué.

» Du tissu couvrant un pareil espace !

— Absolument !

— Je suis confondu !

— Bah ! vous en verrez bien d'autres... Qu'apercevez-vous encore ?

— Une lumière assez intense, mais bien

insuffisante cependant pour constituer un signal interastral.

— Ensuite ?

— Voilà qui est singulier, reprend tout à coup M. Synthèse.

» La plaine blanche a brusquement disparu pour faire place à une immense tache d'un noir opaque.

» La lumière s'éteint également.

» ... Et la tache noire disparaît à son tour pour laisser apercevoir de nouveau la plaine blanche !

» Et la lumière reparaît...

— Eh ! bien, c'est tout.

» Les communications viennent de commencer avec Mars et l'on va répondre vraisemblablement de chez nos voisins qui doivent, de leur côté, fixer sur notre planète leurs meilleurs instruments d'optique.

— Nous sommes, n'est-ce pas, aux environs d'un observatoire astronomique.

— Le meilleur et le mieux organisé de toute la Terre.

— Je serais envieux de le visiter.

— Dans un moment, lorsque vous vous serez bien rendu compte de la manœuvre très élémentaire qui nous permet cependant d'échanger nos pensées, malgré la formidable distance qui nous sépare.

Les occultations continuent d'après un certain rythme, sur le sol, qui passe, par intermittences plus ou moins irrégulières, du blanc au noir, et réciproquement, mais de façon à ce que ces occultations concordent rigoureusement avec celles de la lumière.

Monsieur Synthèse reprend :

— Somme toute, c'est une simple expérience de télégraphie optique.

— Simple si vous le voulez en tant que

manœuvre... mais singulièrent compliqués comme éléments.

— Expliquez-vous, je vous prie, Grand-Vieux-Monsieur.

— Nous allons maintenant descendre et nous approcher aussi vite que possible du sol, afin de vous faire envisager le détail de l'expérience.

» Vous comprendrez alors d'un seul coup d'œil, sans recourir à des explications qui n'avanceraient à rien. »

Aussitôt le groupe se laisse glisser à pic. La tache grandit rapidement, atteint des dimensions énormes, et s'étend de tous côtés aussi loin que la vue peut se porter, au fur et à mesure que s'opère la descente.

Monsieur Synthèse et ses compagnons touchent à terre.

— Il y a là, continue Ta-Lao-Yé, une armée colossale, comptant de quatre cent cinquante à cinq cent mille hommes...

— Des Mao-tchin? interroge vivement Monsieur Synthèse.

— Non pas, s'il vous plaît, Shien-Chung.

» Les Mao-tchin ne sont que des manœuvres indignes de collaborer de près ou de loin à ce qui constitue pour nous une partie du grand-œuvre, de notre vie scientifique, de notre existence cérébrale.

» Tous ceux qui s'agitent sous vos yeux, avec l'instantanéité de la pensée, sont de nos congénères.

» Mais, approchez, Né-Avant... ne craignez pas de gêner l'opération.

» Nous nous trouvons tout à fait à la lisière du champ d'expériences, et les éléments sont tellement innombrables que le fonctionnement d'une certaine quantité est sans aucune importance. »

Encouragé par cette cordiale invitation, Monsieur Synthèse s'approche à pas lents et contemple de tout près un spectacle réellement stupéfiant.

Devant lui, un tissu de dimensions considérables, qu'il évalue à première vue à cent mètres carrés pour le moins, est étalé à plat sur le sol.

D'un côté, le tissu est attaché par des pieux implantés dans la terre, et, de l'autre côté, il est aux mains de deux hommes, immobiles pour l'instant.

C'est-à-dire pour éviter toute confusion relativement à cette disposition, que la pièce d'étoffe étant carrée, les deux pieux placés en regard l'un de l'autre maintiennent immobiles deux angles, pendant que les autres angles sont maintenus par les deux hommes.

A côté de cette pièce, une autre, puis encore une autre, et ainsi de suite indéfiniment, aussi loin que la vue peut s'étendre, aussi nombreuses que la pensée l'imagine.

Sur la droite de Monsieur Synthèse, et dominant de haut la plaine entière, une lumière intense brille au sommet d'une tour.

Aussitôt les deux hommes qui se trouvent en face du vieux savant suédois accomplissent une volte rapide, instantanée.

Sans lâcher leur tissu qu'ils tiennent à la main, chacun par un angle, ils glissent au ras du sol avec leur vélocité d'ombres impalpables.

La toile obéit naturellement à cette impulsion, mais en se retournant au fur et à mesure que s'opère le mouvement.

La course des deux hommes est limitée aux dimensions de l'étoffe, c'est-à-dire à cent mètres environ, d'après le calcul de Monsieur Synthèse.

Les pieux opèrent une faible traction, opposent un léger obstacle. La toile est retournée entièrement et appliquée de nouveau sur le sol, mais en sens inverse et sur un espace voisin de celui qu'elle occupait tout à l'heure.

D'un côté elle est d'un blanc de neige, de l'autre elle est aussi noire que le charbon.

Au moment précis où la face noire est appliquée sur la terre, la lumière s'éteint.

Bientôt, elle brille de nouveau. Aussitôt le Cérébraux, attentifs à ce signal qui guide leur manœuvre, s'élancent dans la direction opposée à celle qu'ils viennent de parcourir et retournent en un clin d'œil sur leurs pas.

Le côté noir de la toile qui, un instant auparavant, faisait face au ciel, se trouve appliqué de nouveau sur le sol et la surface blanche apparaît.

Et de tous côtés, à perte de vue, des milliers, des centaines de milliers d'hommes, également attentifs au signal lumineux, répètent cette manœuvre avec la précision, l'instantanéité d'un automate pourvu d'un million de bras, avec plus de facilité encore que nous ne retournerions, à deux, un simple drap de lit étalé sur une prairie !

Cette étrange opération se continue pendant près d'une heure, sans autres interruptions que celles produites par les occultations qui ont évidemment une signification pour ceux connaissant la clef de ces mystérieux signaux.

Puis tout s'arrête brusquement.

— C'est fini pour l'instant, dit Ta-Lao-Yé.

» Les Martiens ont reconnu nos signaux : c'est maintenant à nos astronomes de surveiller attentivement la manœuvre de leurs correspondants planétaires et de ne pas laisser perdre une seule des occultations de la lumière que leurs télescopes leur font apercevoir dans Mars.

— Ah !... les habitants de Mars n'ont pas adopté votre système.

— Pour une raison bien simple.

» C'est qu'il est infiniment plus facile de manœuvrer des faisceaux lumineux, quelque nombreux et intenses qu'ils soient, que d'habituer des centaines de mille hommes à cette précision dont ils viennent de vous donner la preuve.

» Mais notre position par rapport au Soleil nous interdit d'user du procédé usité par nos voisins.

— En effet, la Terre se trouvant entre Mars et le Soleil, demeure pour ainsi dire noyée dans la lumière projetée par ce dernier, de sorte qu'une lumière artificielle, même très intense, risquerait de n'être aperçue par les Martiens, en dépit de la force et de la précision de leurs instruments.

— Nos ancêtres ont en principe essayé de

ce moyen, alors que après des centaines d'années d'attention, les générations avaient successivement reconnu, à n'en pas douter, que des signaux lumineux partaient de Mars.

» On vit, pendant des siècles, des lumières apparaître et disparaître suivant des lois périodiques très simples, mais affectant un caractère bien *vivant*.

» On répondit de la Terre, en augmentant de plus en plus l'intensité des sources lumineuses, mais ce fut en vain.

» Les signaux ne devaient pas, ne pouvaient pas être aperçus de Mars, par la raison que vous venez de m'indiquer très justement, raison applicable seulement à la Terre, puisque, par rapport à Mars, nous tournons en quelque sorte le dos au Soleil.

— C'est parfaitement évident.

» Supposons la production de phénomènes

lumineux sur Mars, sur la Terre et sur Vénus.

» On verra de la Terre la lumière de Mars, on verra de Vénus celle de la Terre, mais on ne verra pas de Mars celle de la Terre, et de la Terre celle de Vénus.

— Effectivement.

» En présence d'efforts aussi vains que prolongés, un astronome de l'antiquité s'avisa d'un procédé qui fut suggéré par l'aspect lui-même de Mars.

» Remarquant que les taches blanches formées aux deux pôles de notre voisin par les calottes de glace, se modifient sous l'influence des saisons, il se dit que peut-être il serait possible d'attirer les regards de ses habitants en modifiant d'une façon rythmique, vivante, une surface blanche quelconque de la Terre.

» C'était l'embryon de l'idée si heureusement exploitée de nos jours.

» Croiriez-vous qu'il fallut plusieurs siècles aux Cérébraux de l'époque, déjà organisés comme nous le sommes, pour la mettre en pratique, nonobstant l'insuccès permanent des signaux lumineux!

» Peu à peu cependant, l'idée progressa, rencontra des adeptes plus ou moins nombreux qui y consacrèrent leur vie.

» Car ne croyez pas que le système des communications interastrales s'établit d'emblée comme vous le voyez fonctionner aujourd'hui.

— Je m'en doute bien...

» Ne fût-ce que les tâtonnements énormes nécessités par la recherche et la compréhension mutuelle des rythmes formant la clef de vos correspondances.

— Mais auparavant, il fallut essayer longtemps, user plusieurs existences avant même de pouvoir faire apercevoir nos signaux et d'être certains qu'ils étaient aperçus.

— C'était là en effet l'essentiel.

— On fit choix d'un emplacement bien horizontal, dépourvu de végétaux, non accidenté et couvert de sable bien blanc.

» C'est celui que nous occupons encore aujourd'hui.

— Des hommes furent convoqués en troupes nombreuses et espacés sur ce pacifique champ de manœuvre, après avoir été pourvus de larges morceaux d'étoffe noire.

» Ils devaient compter une certaine quantité de nombres, de façon à opérer avec autant de simultanéité que possible, et enrouler ou dérouler leur étoffe, de manière à faire apparaître le sol successivement blanc et noir.

» Malgré l'insuffisance du procédé, les

habitants de Mars, toujours aux aguets, aperçurent le signal et répondirent.

» Vous pouvez à peine vous imaginer l'immense impression de joie et d'orgueil quand le fait fût bien dûment constaté.

— Il est évident, interrompit M. Synthèse, que les habitants de la planète Mars, beaucoup plus ancienne que la Terre, et plus avancée qu'elle dans l'évolution sidérale, ont dû essayer longtemps auparavant de correspondre avec nous.

» Cette idée était même très accréditée de mon temps.

» J'imagine volontiers qu'ils nous ont fait des signaux que nous n'avons su ni voir ni interpréter, à cause de l'imperfection de nos appareils.

— Leurs essais remontent à des centaines de siècles, comme ils nous l'ont fait savoir depuis que les communications sont régulièrement établies, et comme vous pourrez le voir aux comptes rendus publiés par nos observatoires.

— Je n'en doute pas.

» Pour peu que leurs instruments aient été plus parfaits que les nôtres, ce qui ne fait aucun doute pour moi, ils ont dû connaître, même au xix° siècle, la Terre mieux encore que nous ne connaissions la Lune.

» Ils ont probablement constaté les modifications subies par notre planète et certains phénomènes d'ordre matériel ne leur ont certainement pas échappé ; qui sait même s'ils n'ont pas constaté des faits particuliers de notre existence ?

» ... Les déboisements de certaines contrées, l'accroissement des grandes cités, les marées du mont Saint-Michel, les travaux modernes nécessitant de grandes agglomérations d'hommes, comme les canaux de Suez ou de Panama...

» ... Les grandes guerres : celle de la Sécession, ou la lutte franco-prussienne...

» Que de joies perdues pour les savants de mon temps ! »

Ta-Lao-Yé reprit :

— Dès qu'il fut bien avéré que les Martiens avaient aperçu nos signaux, on s'occupa de perfectionner notre outillage si défectueux, avant même de penser à établir un système quelconque de numération.

» Le terrain fut rigoureusement nivelé et rendu aussi horizontal que la surface des eaux tranquilles.

» On fit ensuite tisser, par tous les Maotchin dont on put disposer, d'énormes quantités d'étoffes légères mais très résistantes.

» On augmenta ensuite, dans d'immenses

proportions le nombre des transmetteurs humains, et l'on commença leur éducation.

» Ce n'était pas peu de chose, croyez le bien, que d'arriver à discipliner trois, quatre ou cinq cent mille hommes, de façon à les faire évoluer sur un simple signal aperçu de tous en même temps, et à les faire manœuvrer comme des automates.

» Fort heureusement la conformation des Cérébraux se prête merveilleusement à ces sortes d'exercices.

» Leur force psychique leur permet de se déplacer aussi vite que la pensée, et de mouvoir avec la même instantanéité des fardeaux écrasants.

» Des hommes organisés comme vous l'êtes, n'eussent jamais réussi à couvrir et à découvrir, comme nous le faisons, de pareils espaces, avec la vitesse et la précision de la pensée.

» Tout cela était bien, on correspondait, mais on ne se comprenait pas.

» On se bornait à répéter sensiblement les signaux aperçus pour indiquer qu'on les distinguait.

» C'est alors que les plus savants s'ingénièrent à chercher un système de numération composé de signes très élémentaires, et à en utiliser tous les arrangements possibles dans l'ordre de génération de ces arrangements.

» Cette numération comprit d'abord l'occultation simple, l'occultation double, triple, etc.

» On se borna à trois signes élémentaires que je puis vous représenter sur le sable par des points dont les intervalles sont proportionnels aux durées des disparitions de la surface blanche :

. .. .
.. .. etc.

» L'étude la plus sommaire de cette série

révèle sa loi. C'est une suite de groupements différents composés de un, de deux, de trois termes élémentaires et ainsi de suite ; et ces termes élémentaires sont seulement de trois espèces : l'occultation simple, l'occultation double, l'occultation triple.

» Ils se substituent les uns aux autres dans tel terme des groupes consécutifs, suivant leur ordre de grandeur.

» Ce système, vous le voyez, peut se continuer indéfiniment, et servir de cette manière à représenter la série des nombres ordinaires.

» Les Martiens comprirent à merveille et répondirent à l'occultation rythmique de notre surface blanche, par des éclairs successifs produits dans un ordre identique.

» Ce mode de numération bientôt admis de part et d'autre, on essaya d'établir des rapports réellement explicites.

» On ne peut transmettre que des nombres, comme vous le savez.

» C'est donc avec des nombres que l'on a réussi à s'entendre. Il s'agissait de traduire par un procédé géométrique simple des figures planes convenablement choisies, en séries numériques, et transmettre successivement les termes de ces séries.

» Les mathématiciens connaissent plusieurs procédés graphiques au moyen desquels une figure plane — ou même solide — est fragmentairement représentée par une série de nombres.

» Réciproquement ils savent traduire une série de nombres en une figure construite par points.

» Les divers moyens graphiques doivent donc être classés de manière à ce qu'on choisisse tout d'abord le plus simple.

» Là encore, les Martiens, évidemment plus

élevés que nous intellectuellement, saisirent à merveille.

» Ils essayèrent les divers procédés et finirent par trouver celui que nous avions adopté, et réussirent à ramener nos occultations rythmées à une transmission de dessins, de projections planes. »

Monsieur Synthèse avait écouté attentivement cette longue et quelque peu indigeste définition, sans donner la moindre marque d'impatience.

— Vous avez compris, n'est-ce pas, Shien-Chung ? reprit de sa douce voix Ta-Lao-Yé.

— J'ai compris, Grand-Vieux-Monsieur, et je vous avoue sincèrement que ce procédé, très ingénieux sans doute, me semble n'être pas en rapport avec votre civilisation.

— C'est, je n'oserai pas dire le meilleur, mais du moins le moins mauvais de tous ceux que l'on a expérimentés jusqu'à ce jour.

» Nous nous en contentons faute de mieux.

— Mais il doit être horriblement long.

— Sans doute, bien que depuis longtemps nous ayons réussi à établir des conventions abréviatives.

» Encore faut-il ajouter à cette lenteur résultant de l'imperfection du système, le temps matériel exigé par la transmission du signal jusqu'à Mars, soit trois minutes lorsque Mars se trouve le plus rapprochée de nous.

» Vous savez cela, n'est-ce pas, Shien-Chung ?

— Me prenez-vous pour un enfant, ou pour un Mao-tchin de l'an 11880, Ta-Lao-Yé ?

» Oui, Grand-Vieux-Monsieur, je sais que les orbites décrites par Mars et par la Terre, autour du Soleil, au lieu d'être circulaires sont légèrement elliptiques, de sorte que l'intervalle qui les sépare varie sensiblement d'un point à un autre.

» Cet intervalle, qui est en moyenne de dix-neuf millions de lieues, ou de soixante-seize millions de kilomètres, comme nous disions jadis, peut, en certains points, diminuer jusqu'à quatorze millions de lieues, ou cinquante-six millions de kilomètres.

» Or, la lumière parcourant par seconde soixante-quinze mille lieues ou trois cent mille kilomètres, le signal mettra, dans ce dernier cas, pour arriver à Mars, trois mi-minutes et cinq secondes.

» Mais peu importe quelques minutes ou quelques millions de kilomètres de plus ou de moins !

» J'avais rêvé mieux que cela, jadis, moi qui vous parle.

» Ah ! si j'avais disposé d'un milliard de Cérébraux comme ceux qui habitent maintenant la Terre, notre planète serait la maîtresse de l'infini !

» Mais, bah ! à quoi bon évoquer le souvenir de ce rêve gigantesque dont la réalisation est désormais impossible pour moi. »

Puis, il ajouta brusquement après une longue pause :

— Dites-moi, Grand-Vieux-Monsieur, me sera-t-il permis de prendre connaissance de tous vos travaux relatifs à Mars?

— Quand vous voudrez.

» Vous pourrez même, si cela peut vous être agréable, examiner vous-même toutes les planètes les plus rapprochées de nous, et les étudier avec les instruments qui nous donnent des grossissements dont vous ne sauriez vous faire la moindre idée.

» Je vous promets une nuit intéressante pour peu que vous soyez versé dans la science astronomique. »

CHAPITRE VII

Amertume et désillusions. — Une humanité retirée des affaires. — Monsieur Synthèse constate que tout n'est pas pour le mieux dans notre monde vieilli. — A travers l'espace. — Conversation édifiante, aux extrêmes limites de l'atmosphère. — Encore la constitution des Cérébaux. — Anciennes armées. — La ligue des patriotes. — La Chine Orientale. — Le volcan. — Sur l'emplacement de l'atoll. — Débris du Grand-Œuvre. — Le tombeau de Monsieur Synthèse.

Depuis vingt-quatre heures seulement, la résurrection de Monsieur Synthèse est accomplie et déjà le vieillard sent un morne ennui succéder à la fièvre du premier moment.

Revenu à l'existence avec toute son intelligence intacte, il a pu, grâce à sa prodigieuse faculté d'assimilation, et aidé d'ailleurs par ses hôtes, prendre une ·e assez complète du monde au cent-di: ·uvième siècle, et ce monde ne lui laisse qu'amertume et désillusion.

D'abord, ses anciennes conceptions de l'humanité future étaient diamétralement opposées à ce que la réalité lui offrit, quand il s'éveilla dans la maison de porcelaine, pénétré du fluide dégagé par les Cérébraux.

De là désillusion, non seulement parce qu'un homme de sa valeur n'aime pas à se tromper, mais encore parce qu'aucun des grands problèmes qu'il s'était posés jadis, n'avait même été abordé. Problèmes dont la solution ne devait pas, à son avis, exiger une pareille succession d'années, et désormais insolubles, eu égard à la direction prise par les idées des contemporains actuels.

Puis, il trouvait singulièrement vieillotte cette humanité qui lui avait semblé à première vue, et non sans raison peut-être, frappée de stagnation.

— Des hommes qui s'endorment sur une planète qui se refroidit, pensait-il, qui n'innovent plus rien et se contentent de faire valoir le domaine intellectuel légué par leurs ancêtres ! »

La Terre amoindrie comme zone habitable, unifiée comme race et comme produits, et devenue chinoise, lui apparaît comme enfermée dans la vieille enceinte de brique, jadis infranchissable aux idées, aux coutumes, aux bruits, aux aspirations du dehors.

Cette unification de la race n'est-elle pas d'ailleurs la cause unique de cette stagnation, en ce sens qu'elle a fait cesser l'âpre lutte pour la vie, cette lutte qui crée les besoins, donne carrière à tous les instincts, triomphe des éléments, enfante le génie ?

Et il ajoutait comme variante :

— Une humanité retirée des affaires ! »

D'autre part, il faut bien le dire aussi, son admiration du premier moment avait reçu une rude atteinte, lors de sa courte visite au musée préhistorique.

Les insanités entassées en ce lieu et développées avec ce superbe aplomb de l'ignorance, ces commentaires fous, ces restaurations baroques lui avaient inspiré de sages réserves relativement aux autres merveilles qu'on prétendait lui montrer.

Le système de correspondance intersidérale lui paraissait ingénieux sans doute, mais singulièrement arriéré — pour tout dire, chinois — en ce sens que le travail de l'homme remplace l'effort des machines ou des éléments.

Combien il eût aimé, lui, l'audacieux, qui ne reculait devant rien, substituer à cette opération plus originale que grandiose, le magnétisme astral, l'électricité, ou même l'attraction proprement dite !

Il avait feuilleté pendant plusieurs heures les archives de l'Observatoire, collé son œil à l'oculaire d'un télescope monumental, reconnu, à n'en pas douter, que des signaux partaient de la planète Mars... et après !

Pour peu que les congénères du Grand-Vieux-Monsieur eussent mis autant d'ingéniosité à les interpréter qu'à définir l'usage des engins préhistoriques, l'histoire de Mars par les Terriens devait être le plus inénarrable compendium de bourdes interastrales.

Et pourtant ces êtres coulés dans un moule identique, ces bonshommes à grosse tête, ces deux encyclopédistes, possèdent un privilège incomparable qui en fait des créatures à part et réellement supérieures à l'humanité telle que la représente Monsieur Synthèse.

De là une amertume à laquelle il ne peut se soustraire, car son infériorité corporelle lui apparaît de plus en plus pénible, au fur et à mesure qu'il a besoin d'opérer le moindre mouvement.

Et dire que des êtres si merveilleusement doués, possédant une telle intensité de fluide, ne sont encore qu'à l'utilisation presque exclusive des forces humaines.

Quelles merveilles n'accompliraient-ils pas, s'ils mettaient en usage celles de la nature, s'ils créaient des machines en rapport avec leur organisation, s'ils faisaient travailler en grand les choses, au lieu de se gaspiller ainsi eux-mêmes !

Immobiliser bêtement plusieurs centaines de mille hommes à retourner des tissus blancs et noirs, quand il en suffirait d'un millier avec quelques kilomètres de fil de fer, et un certain nombre d'appareils analogues à ceux dont on se servait au xix° siècle pour plier les journaux !

Ces gens-là ignorent-ils donc le principe du transport des forces ?

Et Monsieur Synthèse, qui se sent de plus en plus redevenir le Bonhomme Jadis, en arrive à établir entre le présent et le passé des comparaisons qui ne sont pas à l'avantage du premier.

Ah ! s'il n'y avait pas cette admirable lévitation !

Où en seraient-ils, ces prodigieux Cérébraux, s'ils étaient, comme leurs ancêtres préhistoriques, rivés au sol et privés de leur incomparable élément pyschique.

Cependant, en dépit de ces récriminations que Monsieur Synthèse ne voudrait pas laisser soupçonner à ses hôtes, il va être encore forcé de recourir à eux pour continuer son voyage d'investigation circumterrestre. Et ce n'est pas là son moindre sujet de mécontentement, quand il pense qu'il ne peut s'isoler un moment, voir, étudier, admirer ou critiquer à son aise, sans être perpétuellement aux mains de ce groupe qui l'élève et l'emporte avec des attitudes d'apothéose.

N'était cette légitime satisfaction à donner à sa non moins légitime curiosité, ma foi ! Monsieur Synthèse, déjà saturé de cette vie nouvelle, pénétré d'ailleurs de son infériorité, demanderait à retrouver, avec son bloc de glace, l'oubli séculaire de la banquise !

... La voix de Ta-Lao-Yé, dont l'énervante douceur commence à l'exaspérer, l'avertit qu'il est bientôt temps de partir.

Et le groupe qui, comme les chœurs de la tragédie antique, se trouve toujours à point nommé pour fournir la réplique, recevoir une confidence, exalter un héros ou maudire un coupable, le groupe se déclare prêt à renouveler son effort collectif, et à transporter Shien-Chung aux contrées les plus lointaines.

Et Shien-Chung se remet entre les mains de son groupe, et Ta-Lao-Yé donne le signal du départ, en avertissant ledit Shien-Chung que le tour du monde va se continuer de l'Ouest à l'Est avec lenteur ou célérité, selon que le voyageur en décidera.

— Eh bien, veuillez me transporter en extrême Orient, là où se trouve le continent soupçonné, ou plutôt prédit par moi et dont les assises furent constituées par l'incessant travail des coraux.

» J'ai particulièrement étudié la région, j'ai

même collaboré à la formation de ce continent, et je ne serai pas fâché de prendre un aperçu de sa configuration actuelle. »

A ces mots, Monsieur Synthèse se sent brusquement enlevé du sol et transporté, d'un seul jet, aux limites extrêmes de l'atmosphère respirable.

Puis le groupe dont il forme le centre se déplace latéralement avec une célérité inouïe, en dépit de laquelle il voit pourtant se dérouler à perte de vue un interminable panorama.

On pourrait croire que cette foudroyante vitesse empêche la perception des objets et des lieux, ou du moins la rend indécise au point d'amener leur absolue confusion.

Il n'en est rien. Soit que la force psychique dégagée par les Cérébraux, et dont Monsieur Synthèse se trouve intimement pénétré, augmente en quantités incalculables ses facultés ou en crée de nouvelles en lui, soit que la hauteur à laquelle s'opère la translation lui facilite cette perception d'une vaste région dans son ensemble, il est stupéfait de l'incomparable netteté de sa vision.

Là était le Soudan avec ses déserts de sable, aujourd'hui couverts de verdures épaisses et sillonnés d'une multitude de cours d'eau qui se ramifient à l'infini, au milieu de ce sol transformé qu'ils vivifient.

Là devait être la haute Égypte, avec le Nil dont les branches supérieures forment un immense lac d'eau douce, à ce qu'affirme Ta-Lao-Yé.

Par contre la mer Rouge a disparu, avec le golfe d'Aden. Disparu aussi l'océan Indien duquel ont émergé de nouvelles terres qui se sont soudées au Somal, aux îles Laquedives et Maldives, se sont réunies à Ceylan et à la pointe méridionale de l'Hindoustan, et ont comblé tout l'espace compris entre le golfe d'Oman et l'équateur, au-dessus duquel s'étend une vaste Méditerranée.

Comblés aussi, le golfe du Bengale, le golfe de Siam, entre lesquels s'allongeait autrefois, comme l'échine d'un continent immergé, la maigre et distorte presqu'île de Malacca.

Sumatra, Bornéo, Java, les Célèbles, les Philippines ne forment plus qu'une terre qui rejoint le royaume de Siam, la Cochinchine et la Chine.

Il n'y a plus qu'une Asie méridionale soudée à l'Afrique centrale, et s'étendant à perte de vue jusqu'en extrême Orient, où fut le grand Pacifique, où fut l'Océanie.

Et partout Monsieur Synthèse constate cette prodigieuse vascularisation du sytème hydrographique, grâce à laquelle toutes ces terres, anciennes ou nouvelles, se trouvent arrosées à profusion.

Partout la même végétation exubérante, partout les mêmes produits tropicaux modifiés par la présence des produits de la zone tempérée, partout aussi une population très dense, avec ses maisons uniformes, ses villes silencieuses, ses esclaves attachés au sol.

— Allons, dit-il avec une certaine amertume dans la voix, c'en est fait !

« Il ne reste plus rien de la configuration de l'ancien monde... absolument rien !

« Les animaux sauvages, les oiseaux eux-mêmes ont presque entièrement disparu.

— Mais les espèces utiles ont été depuis longtemps domestiquées, répondit Ta-Lao-Yé.

» Avais-je donc oublié de vous mentionner cette particularité ?

» Les Mao-tchin ont des troupeaux pour leur subsistance, des bêtes de somme ou de trait pour les aider dans leurs travaux... ils élèvent des oiseaux pour leur utilité... même pour leur agrément.

» Malheureusement il nous a été impossible de nous débarrasser des insectes et des reptiles qui pullulent en certains points.

» Quoi qu'il en soit, nous pouvons dire que la presque totalité de la terre disponible est utilisée.

— Et vous vivez toujours en paix, entre habitants de contrées ou même d'hémisphères différents ?...

» Jamais il n'y a chez vous de luttes, d'idées d'asservissement, de domination ?

— Puisqu'il n'y a qu'un seul pays, sans États, sans frontières... que ce pays est la Terre !

» ... La Terre habitée par une seule race.

— Quoi que vous m'ayez dit précédemment, je ne puis me faire à la pensée de cette unification absolue de tant de races différentes en une seule, vivant de la même vie, voulant les mêmes choses, poursuivant le même but.

« Vous n'avez même pas à redouter les guerres civiles, heureux représentants du CXIX° siècle !

— A quoi bon tuer les hommes !

» Est-ce qu'ils ne meurent pas assez comme cela, demanda simplement Ta-Lao-Yé, avec une naïveté qui eût fait hurler d'indignation un conquérant.

» Bien loin de chercher à raccourcir la vie de nos semblables, nous cherchons par tous les moyens possibles à la prolonger.

— Il ne peut cependant pas en avoir été toujours ainsi.

» L'humanité, en principe, étant plutôt mauvaise que bonne, il a fallu ou de terribles leçons de l'adversité, ou un régime de fer pour produire ce respect de l'existence.

— Oh ! d'accord !

» Et cette confraternité que rien ne peut altérer, ne s'est pas établie sans lutte.

» Il y a quelques milliers d'années à peine, mettons cinq mille... je n'ai pas la date bien présente à l'esprit.

» La Terre, presque unifiée comme race, était encore divisée en plusieurs parties, nommées États, séparés arbitrairement par des limites quelconques : fleuves, mers ou montagnes.

» Ces États avaient même des chefs qui parfois poussaient l'insanité jusqu'à vouloir s'agrandir aux dépens des voisins.

» Comme si le sol n'était pas à tout le

monde, ou à personne, ce qui est exactement la même chose !

» Aussi nos ancêtres eurent des armées.

— Comment, interrompit M. Synthèse, cette paix universelle ne dure que depuis cinq mille ans ?

» Jusque-là les hommes ont été assez fous, assez criminels pour détruire leurs œuvres, ravager leurs terres et s'entr'égorger ?...

— Mais non !

» On ne détruisait rien, et l'on ne ravageait pas davantage, puisqu'on ne tuait qu'un seul homme, le chef!... et c'était justice.

— Je ne comprends pas.

— C'est bien simple.

» Chaque État, grand ou petit, avait son armée, composée suivant son importance, de deux cents, cinq cents, ou mille hommes.

— Pas plus ?

» De mon temps les armées comprenaient toute la nation.

— Cela m'en donne une déplorable idée.

— Quelle était l'organisation de ces petites armées ?

— On ne peut plus élémentaire.

— Chaque soldat recevait de l'Etat une somme énorme...

— Alors, à cette époque, les transactions s'opéraient encore avec des objets monnayés ?

— Oui.

» Je reprends : chaque soldat volontaire, — on en trouvait trop et l'on ne prenait que les plus forts, les plus braves et les plus honnêtes — chaque volontaire faisait le serment solennel de tuer le chef d'Etat qui ne vivrait pas en bonne intelligence avec ses voisins.

— Voilà qui est parfait.

— Tous les moyens étaient bons : le fer, le

feu, le poison, la trahison, l'embuscade, pour rayer du nombre des vivants l'homme qui mettait en péril l'existence de ses semblables.

» Un soldat partait isolément, déguisé, s'introduisait par ruse auprès du tyran, le tuait ou était tué.

» Dans ce dernier cas, un autre le remplaçait... puis un autre... puis dix... puis cent s'il le fallait.

» Et fatalement le tyran succombait !

» Car, croyez-moi, Shien-Chung, il n'est pas de consigne si rigoureuse qui ne cède, de barrière si haute qui ne tombe devant l'inébranlable volonté d'un homme absolument résolu à sacrifier sa vie pour conserver l'indépendance de son pays et sauvegarder l'existence des siens.

» Cette ligue patriotique composait chez nos ancêtres ce que vous appeliez les armées permanentes, et certes, cette petite armée, peu dispendieuse, mais fermement résolue à frapper le seul auteur du mal en valait bien une autre.

» Tous ces hommes étaient comblés d'honneurs et de richesses, ils occupaient partout la première place, et n'avaient à intervenir que très exceptionnellement, car les chefs de province, sachant le danger qu'ils couraient à troubler la paix publique, se tenaient pour avertis.

» Cet état de choses dura quatre ou cinq générations à peine, jusqu'au jour où l'unification fut complète, grâce à l'absorption définitive des races humaines par la race chinoise.

» Les hommes ne reconnurent plus d'autres maîtres qu'eux-mêmes, se dirigèrent à leur fantaisie...

— Vous avez commencé par une épouvantable anarchie ?

— En aucune façon.

» Étant donné qu'il ne faut pas faire aux autres ce que l'on ne voudrait pas qu'il vous fût fait à vous-même, et que la liberté de chacun commence où celle de tout le monde finit, il fut très facile de s'entendre.

» Aussi, notre législation fut-elle très simple dès le début, grâce à une sanction pénale très rigoureuse, appliquée par le peuple assemblé.

— Et cette sanction pénale était?

— La mort!

» Que pensez-vous de cette législation?

— Je n'ai rien à reprendre aux causes, en constatant les effets...

» Mais...

— La Chine orientale!... » interrompit Ta-Lao-Yé indiquant à M. Synthèse le continent formé par la surélévation au-dessus du Pacifique des anciens récifs de coraux et leur intime cohésion.

Rien ne rappelle dans ce continent, de formation relativement récente, son origine toute particulière. On n'aperçoit nulle trace de coraux. Le sol uniforme, composé de terre noirâtre, recouvre sans interruption les dures assises calcaires. La flore modifiée de tout en tout, offre le même aspect que dans les autres régions ; les mêmes maisons à toitures camuses émergent des futaies, les rivières serpentent de tous côtés et se perdent dans les méditerranées dont les flots bleus scintillent au soleil.

De loin en loin fument quelques volcans dont la présence atteste un travail continuel opéré dans les couches profondes...

— Moins vite !... Grand-Vieux-Monsieur... Moins vite, je vous prie ! » s'écrie M. Synthèse.

Docilement, le groupe s'arrête et se met à planer.

— Je voudrais bien descendre, continue M. Synthèse, afin d'examiner de plus près la terre. »

A peine s'il a le temps de formuler son désir, qu'il se sent tomber comme un aérolithe.

Le groupe s'arrête à quinze mètres au-dessus du sol.

— Et maintenant Shien-Chung, que désirez-vous? demanda Ta-Lao-Yé.

— Opérer quelques recherches dans le voisinage de ce volcan.

— C'est facile, répond Ta-Lao-Yé qui murmure quelques mots à voix basse à ses compagnons.

Et le groupe aussitôt se mit à zigzaguer lentement en courant des bordées capricieuses autour d'un large périmètre couvert de laves depuis longtemps refroidies.

Monsieur Synthèse vient de reconnaître, à n'en pas douter, le volcan qui fit éruption, jadis, au moment où il allait réaliser sa mémorable expérience, son grand-œuvre comportait l'évolution complète de la série animale, depuis la monère jusqu'à l'homme !

Là, le sol n'a plus sa banale uniformité. Partout des traces de violentes convulsions, de soulèvement successifs, de dissolutions terribles, de luttes séculaires entre les éléments.

La conquête de la terre sur l'Océan n'a pas été pacifique, à en juger par ce chaos remanié sans cesse par le géant qui gronde et secoue furieusement sa chevelure de flammes et de fumée.

Monsieur Synthèse, sans crainte d'abuser de l'inaltérable complaisance de ses compagnons, continue ses recherches au milieu des laves. Pierres poreuses, roches vitrifiées, débris de coraux affleurant aux bords de crevasses surabondent par places : ces derniers surtout.

Tout à coup, Monsieur Synthèse pousse un tel cri, que les Cérébraux ne peuvent retenir un gémissement douloureux, tant la délicatesse de leur organisme se trouve douloureusement impressionnée.

Sans même paraître remarquer leur émoi, il désigne de son doigt crispé un bloc de corail de forme cylindrique, à peu près régulier, posé à plat sur un banc de lave, mais légèrement incliné comme la défunte tour de Pise.

— Là!... c'est là !... dit-il d'un air tellement égaré, que ses compagnons le croient subitement frappé d'aliénation mentale.

Ils s'approchent du bloc, prennent pied sur

le plan de la section horizontale et regardent interdits Monsieur Synthèse, qui marche à grands pas comme un fiévreux.

Le vieillard arpente l'étroite surface, portant à peine vingt-cinq mètres de diamètre, s'arrête, repart, gesticule, se baisse, casse quelques fragments de corail dont les dimensions semblent énormes, les examine, les rejette bientôt et se prend à monologuer avec de grands éclats de voix.

— Et moi aussi, j'ai survécu à mon siècle !

» Ce débris, cette masse inerte que des ignorants... vous-mêmes les premiers... oui, vous-mêmes attribueriez à la nature... ce bloc formé de séculaires entrelacements de coraux morts... cette broussaille de pierre est mon œuvre.

» Là était l'Océan !... L'immense Pacifique, avec ses eaux vertes qui se pulvérisaient aux rocs.

» Là j'ai touché du doigt la réalisation de la plus sublime conception qu'ait enfanté un cerveau humain.

» Je triomphais quand ce volcan maudit produisit l'effroyable bouleversement qui brisa mon œuvre et fit sombrer ma raison...

» Mais, que dis-je !

» Mon intelligence est-elle bien réellement égarée?...

» Mon grand-œuvre est-il mort ?...

» Ai-je dormi dix mille ans ?...

» Ai-je réellement survécu à ceux qui me sont chers... ne vais-je pas m'éveiller tout à l'heure et échapper à cet effroyable cauchemar qui m'écrase !

» Anna!... ma fille, ne vais-je pas apercevoir ton gracieux visage penché sur moi, épiant mon retour à la vie... entendre ta douce voix prononcer à mon oreille ce mot qui fait battre mon cœur : « Père ! ».

» Mais non ! Je ne vois que ces flammes qui m'aveuglent... Je n'entends que ces grondements qui m'assourdissent...

» Je suis seul... et maudit!

» Eh bien, soit... Je n'irai pas plus loin.

» Puisque après les siècles écoulés, les hasards invraisemblables d'une destinée que je n'avais pas cherchée, me conduisent ici... puisque ce volcan qui a englouti l'œuvre de ma vie, a ramené plus tard ce bloc de corail du fond de l'Océan desséché, cette épave sera mon tombeau.

» Un tombeau digne de moi !

» Là devait naître le premier représentant d'une race dont nul n'eût pu prévoir les destinées, car mon grand-œuvre eût changé la face du monde.

» Là périra, avec son illusion brisée par

un caprice de la nature, le dernier homme de ma race.

» Dormir!... Je veux dormir pour toujour...

» Ne jamais plus m'éveiller ! »

Comme il disait ces mots, ses regards sont attirés par un bloc vitrifié sur lequel se réfléchissent avec un regard aveuglant les rayons du soleil équatorial.

Son œil se fixe sur cette incandescence avec la joie farouche d'un désespéré contemplant l'arme ou le poison qui va le débarrasser d'une vie odieuse.

Quelques secondes à peine s'écoulent, et l'hypnotisme se produit, instantané, foudroyant.

Alors, Monsieur Synthèse se penche doucement en arrière, tombe lentement à la renverse sur le plan incliné formé par la section du bloc, et demeure étendu sur le dos, l'œil toujours fixé sur le faisceau lumineux, le corps rigide, sans un mouvement, sans un geste, sans un spasme.

FIN

TABLE DES CHAPITRES

CHAPITRE PREMIER

Seul au milieu des glaces polaires. — Dernières pensées d'un homme gelé. — Résurrection. — Stupeur. — Miracle ou hallucination. — Étrange impressionnabilité. — Singulières évolutions entre ciel et terre. — Où l'on commence à s'entendre en parlant chinois. — Anachronisme vivant. — Plus d'Europe. — Nègres et Chinois. — Quels sont donc ces hommes aux têtes démesurées ? — *La lévitation*. 1

CHAPITRE II

Stupeur et ravissement. — M. Synthèse recherche dans la science des analogies à son cas. — Souvenir au pundit Krishna. — Peut-être le mammouth eût-il pu être rappelé à la vie. — Entretien du « Grand-Vieux-Monsieur » et de « Né-Avant ». — Modifications de la Terre. — République universelle. — Le Président de l'Académie des sciences de Tombouctou. — Émission de fluide. — La série animale a toujours progressé. — Les cérébraux 27

CHAPITRE III

Entretien instructif entre « Grand-Vieux-Monsieur » et « Né-Avant ». — M. Synthèse passe à l'état d'homme préhistorique. — Luttes des blancs et des jaunes. — Guerre d'extermination. — Écrasement de la race blanche. — Esclavage et dégradation. — Un type de blanc au douze centième siècle. — Perturbations géologiques. — Modifications du globe terrestre. — Croisements des Chinois et des Nègres. — Le tour du monde par terre. — Translation aussi rapide que la pensée 55

CHAPITRE IV

Considérations sur l'hypertrophie cérébrale des hommes à grosse tête. — La force psychique. — La lévitation ou enlèvement des corps humains. — Exemples tirés des contemporains de Monsieur Synthèse. — Les expériences de M. Crookes. — Incroyable vigueur de Ta-Lao-Yé. — A propos d'anguilles électriques. — Commencement du voyage de Monsieur Synthèse à travers les airs. — Maisons en porcelaine. Maîtres et esclaves. — Pendant le jeune âge. — Aussi vite que la pensée. — L'arrivée . . . 85

CHAPITRE V

Revanche des races opprimées. — Une école. — Les écoliers dorment et n'en apprennent que mieux. — Eveillez-vous! — L'hypnotisme et la suggestion aux temps préhistoriques. — Souvenir indélébile d'une seule audition. — Musée préhistorique. — Les étonnements de Monsieur Synthèse. — Un canon de cent tonnes, une plaque de blindage, une hélice. — Les dieux de l'âge de fer. — Les hypothèses de Ta-Lao-Yé relativement à ce sujet. 129

CHAPITRE VI

Organisation sociale. — Les mères de famille. Compression des cerveaux. — Au milieu de la nuit. — La plaine qui devient alternativement et instantanément blanche, puis noire. — Procédé très simple, mais bizarre. — Télégraphie optique. — Cinq cent mille hommes occupés à tourner et à retourner des toiles. — Pourquoi pas des signaux lumineux? — La numération servant à établir les signaux. 169

CHAPITRE VII

Amertume et désillusions. — Une humanité retirée des affaires. — Monsieur Synthèse constate que tout n'est pas pour le mieux dans notre monde vieilli. — A travers l'espace. — Conversation édifiante, aux extrêmes limites de l'atmosphère. — Encore la constitution des Cérébraux. — Anciennes armées. — La ligue des patriotes. — La Chine Orientale. — Le volcan. — Sur l'emplacement de l'atoll. — Débris du Grand-Œuvre. — Le tombeau de Monsieur Synthèse. 209

ÉMILE COLIN. — Imprimerie de Lagny.

AUTEURS CÉLÈBRES
à 60 centimes le volume
En jolie reliure spéciale à la collection 1 fr. le volume.
Envoi franco contre mandat ou timbres-poste.
CHAQUE OUVRAGE EST COMPLET EN UN VOLUME

VICTOR HUGO. Légende du beau Pécopin et de la belle Bauldour.
1. CAMILLE FLAMMARION . . . Lumen.
2. ALPHONSE DAUDET . . . . La Belle-Nivernaise.
3. ÉMILE ZOLA . . . . Thérèse Raquin.
4. HECTOR MALOT . . . . . . Une Bonne Affaire.
5. ANDRÉ THEURIET . . . . . Le Mariage de Gérard.
6. L'ABBÉ PRÉVOST . . . . . Manon Lescaut.
7. EUGÈNE CHAVETTE . . . . La Belle Alliette.
8. G. DUVAL . . . . Le Tonnelier.
9. MARIE ROBERT-HALT . . . Hist. d'un Petit Homme (ouvr. cour.)
10. B. DE SAINT-PIERRE . . . Paul et Virginie.
11. CATULLE MENDÈS . . . . Le Roman Rouge.
12. ALEXIS BOUVIER . . . . . Colette.
13. LOUIS JACOLLIOT . . . . . Voyage aux Pays Mystérieux.
14. ADOLPHE BELOT . . . . . Deux Femmes.
15. JULES SANDEAU . . . . . Madeleine.
16. LONGUS . . . . Daphnis et Chloé.
17. THÉOPHILE GAUTIER . . . Jettatura.
18. JULES CLARETIE . . . . . La Mansarde.
19. LOUIS NOIR . . . . L'Auberge Maudite.
20. LÉOPOLD STAPLEAUX . . Le Château de la Rage.
21. HECTOR MALOT . . . . . Séduction.
22. MAURICE TALMEYR . . . . Le Grisou.
23. GŒTHE . . . . Werther.
24. ED. DRUMONT . . . . . . Le Dernier des Trémolin.
25. VAST-RICOUARD . . . . . La Sirène.
26. G. COURTELINE . . . . . Le 51e Chasseurs.
27. ESCOFFIER . . . . Troppmann.
28. GOLDSMITH . . . . Le Vicaire de Wakefield.
29. A. DELVAU . . . . Les Amours buissonnières.
30. E. CHAVETTE . . . . . . Lilie, Tutue, Bébeth.
31. ADOLPHE BELOT . . . . . Hélène et Mathilde.
32. HECTOR MALOT . . . . . Les Millions honteux.
33. XAVIER DE MAISTRE . . . Voyage autour de ma Chambre.
34. ALEXIS BOUVIER . . . . . Le Mariage d'un Forçat.
35. TONY RÉVILLON . . . . . Le Faubourg Saint-Antoine.
36. PAUL ARÈNE . . . . . . Le Canot des six Capitaines.
37. CH. CANIVET . . . . . . La Ferme des Goret.
38. CH. LEROY . . . . Les Tribulations d'un Futur.
39. SWIFT . . . . Voyages de Gulliver.
40. RENÉ MAIZEROY . . . . . Souvenirs d'un Officier.
41. ARSÈNE HOUSSAYE . . . Lucia.
42. La Chanson de Roland.
43. PAUL BONNETAIN . . . . Au Large.
44. CATULLE MENDÈS . . . . Pour lire au Bain.
45. ÉMILE ZOLA . . . . Jacques Damour.
46. JEAN RICHEPIN . . . . . Quatre petits Romans.
47. ARMAND SILVESTRE . . . Histoires Joyeuses.
48. PAUL DHORMOYS . . . . Sous les Tropiques.
49. VILLIERS DE L'ISLE-ADAM. Le Secret de l'Echafaud.
50. ERNEST DAUDET . . . . . Jourdan Coupe-Tête.
51. CAMILLE FLAMMARION . . Rêves étoilés.
52. MADAME J. MICHELET . . Mémoires d'une Enfant.
53. THÉOPHILE GAUTIER . . . Avatar. — Fortunio.
54. CHATEAUBRIAND . . . . Atala. René. Dernier Abencérage.

55. IVAN TOURGUENEFF . . . . Récits d'un Chasseur.
56. L. JACOLLIOT . . . . Le Crime du Moulin d'Usor.
57. P. BONNETAIN . . . . . . Marsouins et Mathurins.
58. A. DELVAU . . . . Mémoires d'une Honnête Fille.
59. RENÉ MAIZEROY . . . . . Par Amour
60. GUÉRIN-GINISTY . . . . . La Fange.
61. ARSÈNE HOUSSAYE . . . Madame Trois-Étoiles.
62. CHARLES AUBERT. . . . . La Fille Lucide.
63. MIE D'AGHONNE . . . . . L'Écluse des Cadavres.
64. GUY DE MAUPASSANT . . L'Héritage
65. CATULLE MENDÈS . . . . Maîtres parisiens (nouv. série)
66. CH. DIGUET . . . . Moi et l'Autre (ouv. couronné).
67. L. JACOLLIOT . . . . Vengeance de Forçats.
68. HAMILTON . . . . Mémoires du Chev. de Grammont.
69. MARTIAL MOULIN . . . . Nella.
70. CHARLES DESLYS . . . . L'Abîme.
71. FRÉDÉRIC SOULIÉ . . . . Le Lion Amoureux.
72. HECTOR MALOT . . . . . Les Amours de Jacques.
73. EDGAR POË . . . . Contes extraordinaires.
74. EDOUARD BONNET . . . La Branche d'Orger.
75. THÉO-CRITT . . . . Le Sénateur Ignace.
76. ROBERT-HALT . . . . . . Brave Garçon.
77. JEAN RICHEPIN . . . . . Les Morts bizarres.
78. TONY REVILLON . . . . . Noémi, la Bataille de la Bourse
79. TOLSTOI . . . . Le Roman du Mariage.
80. FRANCISQUE SARCEY . . Le Siège de Paris.
81. HECTOR MALOT . . . . . Madame Obernin.
82. JULES MARY . . . . Un coup de Revolver.
83. GUSTAVE TOUDOUZE . . Les Cauchemars
84. STERNE . . . . Voyage Sentimental.
85. MARIE COLOMBIER . . . Nathalie.
86. TANCRÈDE MARTEL . . . La Main aux Dames.
87. ALEXANDRE HEPP . . . . L'Âme de Madame Alice.
88. CLAUDE VIGNON . . . . Vertige
89. ÉMILE DELEAUX . . . . . La Petite Mendiante.
90. CHARLES MEROUVEL . . Caprice des Dames.
91. MADAME ROBERT HALT . La Petite Laure.
92. ANDRÉ THEURIET . . . . Lacde Des Bois. — Une Ondine.
93. EDGAR MONTEIL . . . . . Jean des Galères.
94. CATULLE MENDÈS . . . . Le Grand Berceau.
95. SILVIO PELLICO . . . . . Mes Prisons.
96. MAXIME RUDE . . . . . . Une Victime de Coxreal.
97. MAUR. JOGAND (Mar-Mario). L'Enfant de la Folle.
98. EDOUARD SIEBECKER . . Le Baiser d'Odile.
99. VALLERY-RADOT . . . . . Journal d'un Volontaire d'un an (ouv. c.)
100. VOLTAIRE . . . . Zadig. — Candide. — Micromégas.
101. CAMILLE FLAMMARION . Voyages en Ballon.
102. LONGUEVILLE . . . . . . Jeux de Cartes.
103. ÉMILE ZOLA . . . . Naxias
104. MADAME LOUIS FIGUIER. Le Gardian de la Camargue.
105. ALEXIS BOUVIER . . . . . Les Petites Ouvrières.
106. GABRIEL GUILLEMOT . . Maman Chantard.
107. JEHAN SOUDAN . . . . . Histoires américaines (illustrées).
108. GASTON D'HAILLY . . . Fleur de pommier.
109. IVAN TOURGUENEFF . . Premier Amour.
110. OSCAR MÉTÉNIER . . . . La Chair.
111. GUY DE MAUPASSANT . Histoire d'une Fille de Ferme.
112. LOUIS BOUSSENARD . . Aux Antipodes.
113. PROSPER VIALCN . . . . L'Homme au Chien muet.
114. CATULLE MENDÈS . . . . Pour lire au Couvent.
115. MIE D'AGHONNE . . . . . L'Enfant du Fossé.
116. ARMAND SILVESTRE . . Histoires folâtres.
117. DOSTOÏEWSKY . . . . . . Ame d'Enfant.
118. ÉMILE DE MOLÈNES . . . Palotte.
119. ARSÈNE HOUSSAYE . . . Les Larmes de Jeanne.

#	Author	Title
123.	CHAMPFLEURY	[illegible]
124.	A. EXCOFFON	Le Courrier de Lyon
125.	LÉON CLADEL	Cœlio-Rouge
126.	MAXIME RUDE	Le Roman d'une Dame d'honneur
127.	PIGAULT-LEBRUN	Monsieur Botte
128.	CH. AUBERT	La Furieuse
129.	C. CASSOT	La Vierge d'Irlande
130.	CHARLES MONSELET	Les Ruines de Paris
131.	ALPHONSE DAUDET	Les Débuts d'un Homme de Lettres
132.	LOUIS NOIR	La Vénus cuivrée
133.	ALPHONSE DE LAUNAY	Mademoiselle Mignon
134.	ALFRED DELVAU	Le grand et le petit Trottoir
135.	MARC DE MONTIFAUD	Héloïse et Abailard
136.	TONY RÉVILLON	L'Exilé
137.	AD. BELOT & E. DAUDET	La Vénus de Gordes
138.	PAUL SAUNIÈRE	Vif-Argent
139.	Mme JUDITH GAUTIER	Les Cruautés de l'Amour
140.	DUBUT DE LAFOREST	Belle-Maman
141.	PAUL ARÈNE	Nouveaux Contes de Noël
142.	ARSÈNE HOUSSAYE	La Confession de Caroline
143.	ALEXIS BOUVIER	Mademoiselle Beau-Sourire
144.	CHARLES LEROY	Le Capitaine Longrugini
145.	L. BOUSSENARD	10,000 ans dans un bloc de glace
146.	ÉLIE BERTHET	Le Mûrier blanc
147.	F. CHAMPSAUR	Le Cœur
148.	RENÉ MAIZEROY	Souvenirs d'un Saint-Cyrien
149.	GUÉRIN-GINISTY	Les Rastaquouères
150.	AURÉLIEN SCHOLL	Peines de cœur
151.	CAMILLE FLAMMARION	L'Eruption du Krakatoa
152.	ALEXANDRE DUMAS	La Marquise de Brinvilliers
153.	G. COURTELINE	Madelon, Margot et Cie
154.	CATULLE MENDÈS	Pierre le Véridique, roman
155.	CH. DESLYS	Les Buttes Chaumont
156.	AD. BELOT ET J. DAUTIN	Le Secret terrible
157.	GASTON D'HAILLY	Le Prix d'un Sourire
158.	MAXIME DU CAMP	Mémoires d'un Suicidé
159.	RENÉ MAIZEROY	La Dernière Croisade
160.	POUCHKINE	Doubrovsky
161.	HENRI MURGER	Le Roman du Capucin
162.	LUCIEN BIART	Benito Vasquez
163.	BENJAMIN CONSTANT	Adolphe
164.	MADAME LOUIS FIGUIER	Les Fiancés de la Gardiole
165.	ARMAND SILVESTRE	Mama
166.	VAST-RICOUARD	Madame Lavernon
167.	ALEXIS BOUVIER	Les Pauvres
168.	JULES GROS	Un Volcan dans les Glaces
169.	ALFRED DELVAU	Du Pont des Arts au Pont de Khé
170.	VICTOR MEUNIER	L'Esprit et le Cœur des Bêtes
171.	ADOLPHE BELOT	Le Pigeon
172.	NIKOLAI GOGOL	Les Veillées de l'Ukraine
173.	JULES MARY	Un Mariage de confiance
174.	LÉON TOLSTOI	La Sonate à Kreutzer
175.	SÉVIGNÉ (Mme DE)	Lettres choisies
176.	FERDINAND DE LESSEPS	Les Origines du Canal de Suez
177.	LÉON GOZLAN	Le Capitaine Maubert
178.	CH. D'ARCIS	La Correctionnelle pour rire
179.	ERNEST DAUDET	Le Crime de Jean Malory
180.	ARMAND SILVESTRE	Rose de Mai
181.	ÉMILE ZOLA	Madeleine Férat
182.	PAUL MARGUERITTE	La Confession posthume
183.	PIERRE ZACCONE	Seuls!
184.	BEAUTIVET	La Maîtresse de Mazarin
185.	EDOUARD LOCKROY	L'Ile révoltée
186.	ALEXIS BOUVIER	Les Petites Blanchisseuses
187.	ARSÈNE HOUSSAYE	Julia
188.	ALEXANDRE POTHEY	La Fête de Saint-Ignace
189.	ADOLPHE BELOT	Le Parricide
190.	EUGÈNE CHAVETTE	Procès Pictompin

#	Author	Title
191.	PIERRE BRÉTIGNY	La Petite Gabi.
192.	ALEXANDRE DUMAS	Les Massacres du Midi
193.	RENÉ DE PONT-JEST	Divorcée. (A. Silvestre).
194.	P. GINISTY	La Seconde Nuit (rem boufo. Préf. par
195.	PIERRE MAËL	Pilleur d'Épaves (mœurs maritimes).
196.	CATULLE MENDÈS	Jupe Courte.
197.	NIKOLAI GOGOL	Tarass Boulba.
198.	CH. CHINCHOLLE	Le Vieux Général.
199.	PIER. NEWSKY (DE COATIN)	Le Fauteuil Fatal.
200.	LOUIS JACOLLIOT	Les Chasseurs d'Esclaves.
201.	CAMILLE FLAMMARION	Copernic et le système du monde.
202.	Mme DE LA FAYETTE	La princesse de Clèves
203.	ADOLPHE BELOT	Dacolard et Lubin.
204.	D. PEDRO DE ALARCON	Un Tricorne.
205.	LOUIS NOIR	Un Tueur de Lions.
206.	ALFRED SIRVEN	La Linda.
207.	CH. DICKENS, WILKIE COLLINS, G. A. SALA, E. C. GASKELL, HESBA SHETTON & ADÉLAIDE PROCTER.	La Maison hantée. (Contes de Noël).
208.	HECTOR MALOT	Vices français.
209.	PIERRE MAËL	Le Torpilleur 29.
210.	JULES GROS	L'Homme fossile.
211.	CATULLE MENDÈS	Jeunes filles.
212.	IVAN TOURGUENEFF	Devant la Guillotine.
213.	ALFRED SIRVEN	Étiennette.
214.	Mlle ROUSSEIL	La Fille d'un Proscrit.
215.	PAUL L'HEUREUX	P'tit Chéri (Histoire parisienne).
216.	LOUIS MULLEM	Contes d'Amérique.
217.	ERNEST DAUDET	Le Lendemain du péché.
218.	MIE D'AGHONNE	Les Aventurières.
219.	PAUL ALEXIS	Les Femmes du père Lefèvre.
220.	ALFRED DELVAU	À la porte du Paradis.
221.	ALEXANDRE DUMAS	Les Borgia.
222.	BERTOL-GRAIVIL	Dans un Joli Monde } (Les deux
223.	BERTOL-GRAIVIL	Venge ou Meurs } Criminels)
224.	ALFRED BONSERGENT	Monsieur Thérèse.
225.	CHARLES DESLYS	L'Aveugle de Bagnolet.
226.	GEORGE DE PEYREBRUNE	Jean Bernard.
227.	OSCAR MÉTÉNIER	Myrrha-Maria.
228.	G. COURTELINE	Les Facéties de Jean de la Butte.
229.	L. BOUSSENARD	Chasseurs Canadiens.
230.	YVES GUYOT	Un Fou.
231.	ALEXANDRE DUMAS	Marie Stuart.
232.	TANCRÈDE MARTEL	La Parpaillotte.
233.	THÉO-CRITT	Le Régiment où l'on s'amuse.
234.	CATULLE MENDÈS	Isoline.
235.	ALFRED DELVAU	Les Cocottes de mon Grand-Père.
236.	JEAN REIBRACH	La Femme à Pouillot.
237.	GEORGES COURTELINE	Boubouroche.
238.	DANTE	L'Enfer.
239.	EDOUARD MONTAGNE	La Bohème camelotte.
240.	CHARLES DICKENS	La Terre de Tom Tiddler.
241.	FRANCIS ENNE & FERNAND DELISLE	La Comtesse Dynamite.
242.	ERNEST NOIROT	À Travers le Fouta-Diallon et le Bambouc.
243.	JULES MARY	Le Boucher de Meudon.
244.	PIERRE DELCOURT	Le Secret du Juge d'Instruction.
245.	ISMAËL HUCHER	La Belle Madame Pujol.
246.	E. A. SPOLL	Le Secret des Villiers.
247.	LOUIS JACOLLIOT	Voyage sur les rives du Niger.
248.	JEAN AICARD	Le Pavé d'amour.
249.	GÉRARD DE NERVAL	Les Filles de feu.
250.	CATULLE MENDÈS	L'Art d'aimer.
251.	CAMILLE FLAMMARION	Clairs de Lune.
252.	G. COURTELINE	Ombres parisiennes.
253.	CASANOVA	Sous les Plombs.
254.	ALFRED DELVAU	Miss Fourette.
255.	ÉMILE ZOLA	Jus... D...

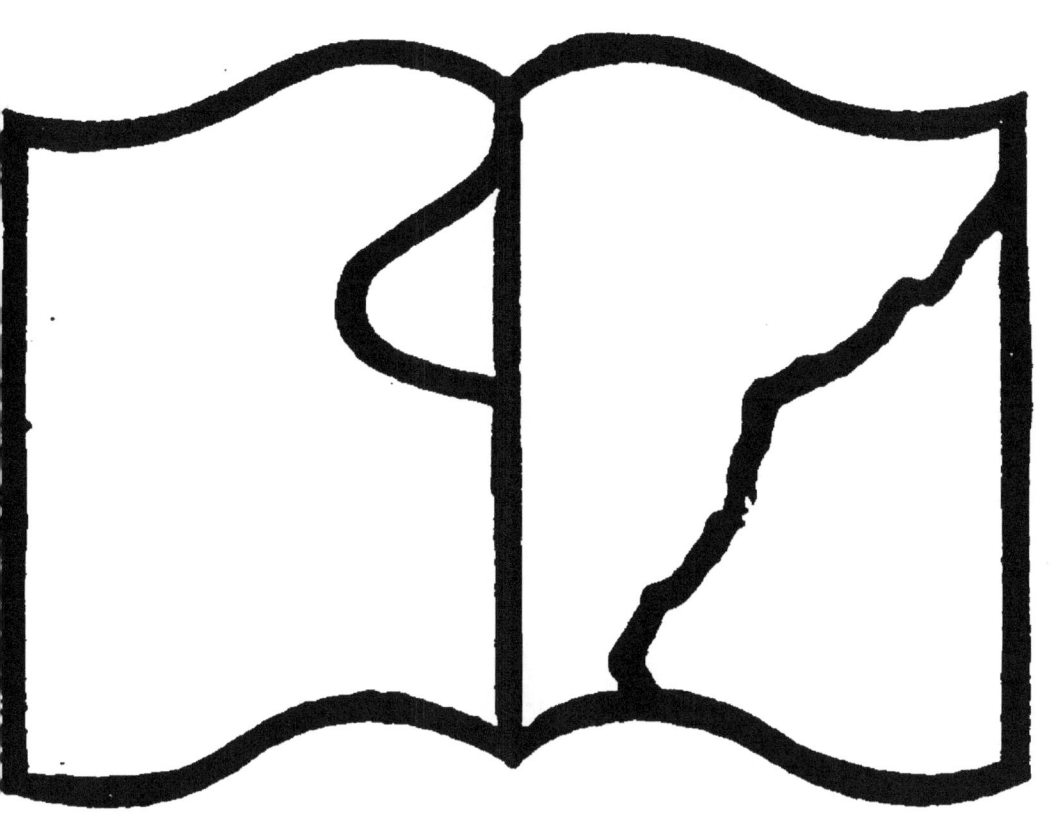
Texte détérioré — reliure défectueuse
NF Z 43-120-11

www.ingramcontent.com/pod-product-compliance
Lightning Source LLC
Chambersburg PA
CBHW070638170426
43200CB00010B/2059